パリのアルファベットのクロスステッチ

380点のモチーフと
小物の楽しいハーモニー

Abécédaires au point de croix
Véronique Enginger
First published in 2011 by Le Tenps Apprivoise

Direction éditoriale : Valérie Gendreau
Édition : Isabelle Riener
Textes et coutures : Hélène Le Berre
Relecture : Anne Descours
Conception graphique : Sonia Roy
Mise en pages : Vincent Rioult
Couverture : Vincent Rioult
Photographies : Fabrice Besse
Stylisme : Sonia Roy
Illustrations : Hélène Le Berre, Élodie Remy
Fabrication : Hervé Bienvault, Louise Martinez
Photogravure : Nord Compo

This Japanese edition was published in Japan
in 2013 by Graphic-sha Publishing Co., Ltd.
1-14-17 Kudankita, Chiyoda-ku, Tokyo 102-0073, Japan

ISBN978-4-7661-2507-8 C2077

Printed and bound in Japan

Japanese edition
Translation: Rica Shibata
Layout and design: Shinichi Ishioka
Instruction page production: Akiko Tanaka
Jacket design: Chiaki Kitaya (CRK design)
Editor: Kumiko Sakamoto

Plaisir du fil　Véronique Enginger

パリのアルファベットのクロスステッチ

380点のモチーフと
小物の楽しいハーモニー

g
グラフィック社

Préface はじめに

アルファベットをモチーフにしたデザインにあれこれ思いを巡らせるのは、心躍る冒険でした。この伝統的なモチーフの可能性は無限で、どんどん新しい世界が広がっていきます。アルファベットという制約の中で、26の文字たちは、チャートの上で美しい音楽を奏でるのです。

この本では、アルファベットモチーフの魅力が際立つようなテーマを選んで紹介しています。カントリー風から懐かしいテイスト、エレガントな花から野菜のラフなスケッチ……。アルファベットの文字自体も、シンプルに配したものから、さりげない飾りを施したものまで。さらに、アルファベットにより自由を与えることで、新しいバリエーションの世界に羽ばたいていきます。

ここで紹介しているアルファベットモチーフは、可憐なヒロインであり控えめな少女。アルファベット自体がモチーフとして施され、さまざまなインスピレーションを刺激します。

ページをめくり、ひと針ひと針ステッチを刺し進めるにつれ、色あせぬアルファベットの魅力が、日々の暮らしを豊かに彩ってくれることでしょう。

ヴェロニク・アンジャンジェ

Véronique Enginger

MNO
PQR

Sommaire もくじ

Le matériel 材料＆道具

— 生地 —

この本で紹介している作品はすべて、1cm＝11目（ステッチは1cmあたり5.5目）または、1cm＝12目（ステッチは1cmあたり4目または6目）のリネン（麻布）に刺しゅうしています。リネンは、織り糸が不規則で上級者向け。ナチュラルからアイボリー、そしてブルーからピンクまで美しい色が揃います。

アイーダ

クロスステッチに最適の布。縦横の織り糸が正方形に分割されているブロック織りで、布目が規則正しくきれいに揃っています。目数が数えやすいので、スピーディー＆正確にステッチが仕上がります。大作や複雑な作品も楽々。初心者はまず、このタイプの布をチョイスしましょう。カラーバリエーションも豊富です。

リネン＆エタミン

一般的にはクロスステッチ上級者向けの布。この手の布にステッチを刺すのはより経験を要します。布目がとても細かいので、根気強さと、視力の良さが必要になります。エタミンは、布目は細かいものの、縦横の織り糸が規則正しく揃っているので、目数は数えやすいでしょう。刺繍用リネンのほうが、布目は不規則です。2目ごとにステッチするのが一般的ですが、1目や3目ごとに刺す場合もあります。

— 刺しゅう道具 —

刺しゅう針

クロスステッチを刺すには、針先が丸いクロスステッチ針を使うのがおすすめです。布目を傷めることがありません。1本どり、2本どり、または3本どりに応じて、針穴は比較的大きめです。

- クロスステッチは普通、2本どりでステッチを刺すので、24番の針がベスト。
- 26番の針は、1本どりで刺す場合や、バックステッチなどを刺す場合に使う。

刺しゅう枠

布をぴんと張り、きれいなステッチを刺すために欠かせません。一番使いやすいのは、木製の円形2つを重ねたタイプのもの。サイズは各種あります。ステッチする図案の周りに少し余白ができる大きさのものを選びましょう。布をはさむときには、布目がまっすぐになっているかを確認してから、枠のねじをしめます。

糸

この本で紹介している作品はすべて、DMCの刺しゅう糸を使っています。DMCの刺しゅう糸は、カラーバリエーションが500種類ほどあるので、繊細なニュアンスを表現でき、洗練された作品に仕上がります。刺しゅうには25番刺しゅう糸がよく使われ、クロスステッチではたいていこの糸を使います。6本の細い糸がより合わさっていて、簡単に1本ずつ引き抜くことができます。

その他の道具

この本で紹介している作品を作るためには、最低限の裁縫道具も必要です。指抜き、糸、針。また、刺しゅう糸を切るために小さな手芸用ハサミ、そしてリネンや木綿布を切るために裁ちバサミ。接着芯は、貼ることで表地を固くして補強します。

仕上げ

ステッチが完成したら、刺しゅう枠から布を外して、はみ出ている糸端をていねいに切り、中心にしつけた糸を取り除きます。水で軽く手洗いしてから清潔な布の上に置いて乾かし、完全に乾ききる前に厚地のタオルの上に移し、裏からアイロンをかけます。これで準備完了。額に入れたり、手を加えて作品に仕上げましょう。

La leçon de point de croix

基本のステッチ

— 刺しゅうを始める —

生地の中心（チャートに示してある黒い矢印が交差するところ）から刺し始めます。中心に刺しゅうするモチーフがない図案の場合は、中心から一番近いエリアから刺し始めてください。

クロスステッチ

斜めのステッチ2本を交差させ、布目に対して×の形に重ねていきます。

・左下から針を出して右上に入りの順で刺し進め、つぎに右下から左上の順で戻るのが一般的。独立したステッチは単独で刺す。

・きれいに仕上げるために、×は同じ方向に刺していくこと。

・図案のモチーフの内側から外側に向かって刺す（例：中心→下部）。

・1つのエリアが終わったら次のエリアという風に刺し進める。

クロスステッチは、使う布の目数や、作品の細かさによって、糸を1本どり、2本どりまたは3本どりでステッチを刺します。

ハーフステッチ

クロスステッチの半分を刺した斜めのステッチ。左下から針を出して右上に入りの順で刺し進めるのが一般的。単独のステッチの場合は斜めに刺すだけ。

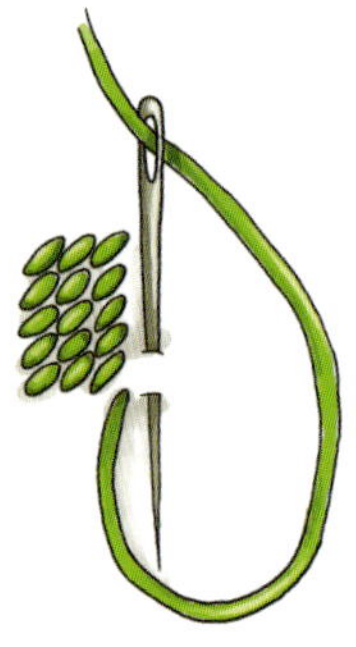

ストレートステッチ（サウザンド・フラワーステッチ）

針を上から出して下に入れ、再び上に戻って下に出すを繰り返し、まっすぐな線のように刺すステッチ。ステッチの糸がたるまないよう、ぴったりの長さになるように出し入れします。サウザンド・フラワーステッチは、ストレートステッチを放射状に刺したものです。

フレンチノットステッチ

小さな結び玉の立体的なステッチで、作品にニュアンスを与えてくれます。とくに、クロスステッチやバックステッチで刺したアルファベットに加えると、ぐんと引き立ちます。針を裏から表に刺し、針を寝かせて糸を1回または2巻きつける。糸を始めに出したところの近くに針を立て、糸をしっかりと引っ張りながら針を裏へ通し、結び目を作る。

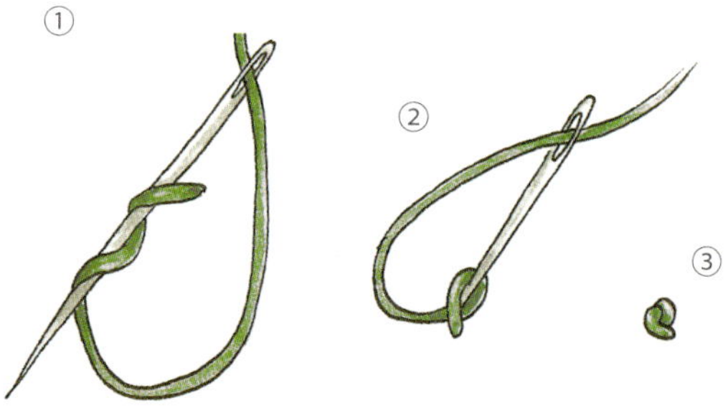

バックステッチ

このステッチは、モチーフの形や輪郭をはっきりさせたり、ボリュームを持たるために使います。右から左に刺していくのが一般的。クロスステッチ部分を仕上げてから、このステッチを刺していきます。

ブランケットステッチ

縁取りをかがるステッチで、端の始末などに用います。Aに出し、B→Cとすくい、針先に糸を右から左にかけてゆるめに糸を引く。同様にして左から右へと縫い進む。縫い終わりは、ブランケットステッチの足元に小さなステッチで縫い留める。

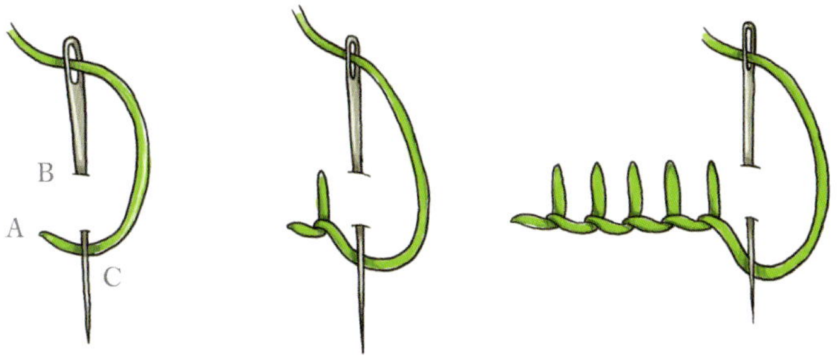

フェザーステッチ

太い線を表現するときに使うステッチ。輪を開いたような形を左右交互に刺していきます。

1. Aから針を出してBに入れ、C（輪の内側）から出して糸を引く。
2. Dから入れ、E（輪の内側）から出して糸を引く。
3. 1と2を左右交互に繰り返す。

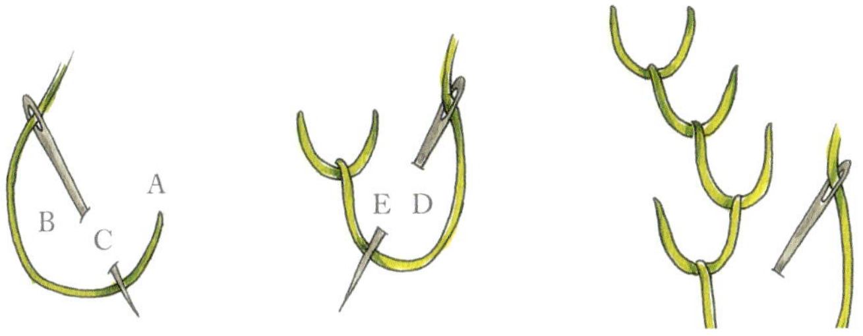

刺し始めと刺し終わり

- 基本的に玉結びはしない（作品にでこぼこができて、美しくないので）。
- 刺し始めは布の裏側から刺し、糸端は3cm残しておく。ステッチを刺しながら、裏側に出た縫い目に糸端をくぐらせていく。
- 途中で糸をつなぐ場合は、裏側に出た縫い目に糸端をくぐらせて始末する。新しい糸を刺し始めと同様に糸端を始末し、刺し始める。
- 縫い終わりも玉留めせず、裏側に出た縫い目に数ステッチ分くぐらせて始末する。

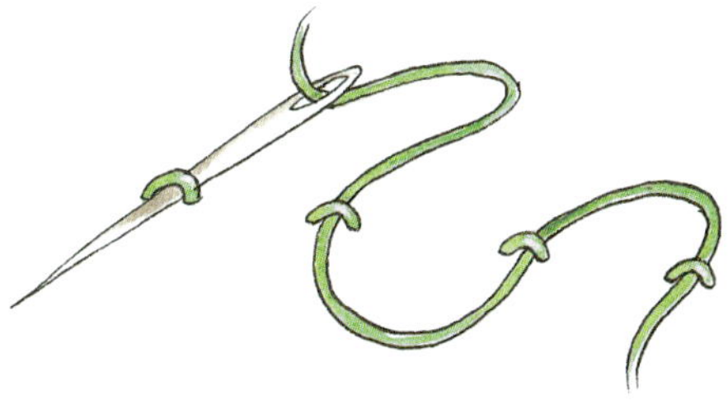

A B C D E
F G H I J
K L M N O
P Q R S T U
V W X Y Z

Les classiques
クラシカルなABC

クラシックな飾り模様のアルファベットで、
懐かしい日々を思い出にとどめて。
季節、動物、植物、子ども、そして縁飾り……。
モノトーンまたはカラフルな図案たちが、
日々の暮らしを語ります。

A B C D E F G H I
J K L M N O P Q
abcdefghijklm
nopqrstuvwxyz
R S T U V W X Y Z

Potager

菜園（ポタジェ）

果実＆野菜の美味しそうな飾り模様を、控えめにステッチして……。
赤と緑のラインが主張して、無限のニュアンスを演出します。

チャート P.16
1cm＝11目の麻布（ホワイト）
刺しゅうのサイズ：約21.5 x 21cm
2本どり、2目刺し

abcdefghijklm

nopqrstuvwxyz

クロスステッチ2本どり			バックステッチ1本どり	フレンチノットステッチ2本どり
■	777	∷ BLANC (白)	— 987	• 777
■	309	■ 987	— 777	
■	603			

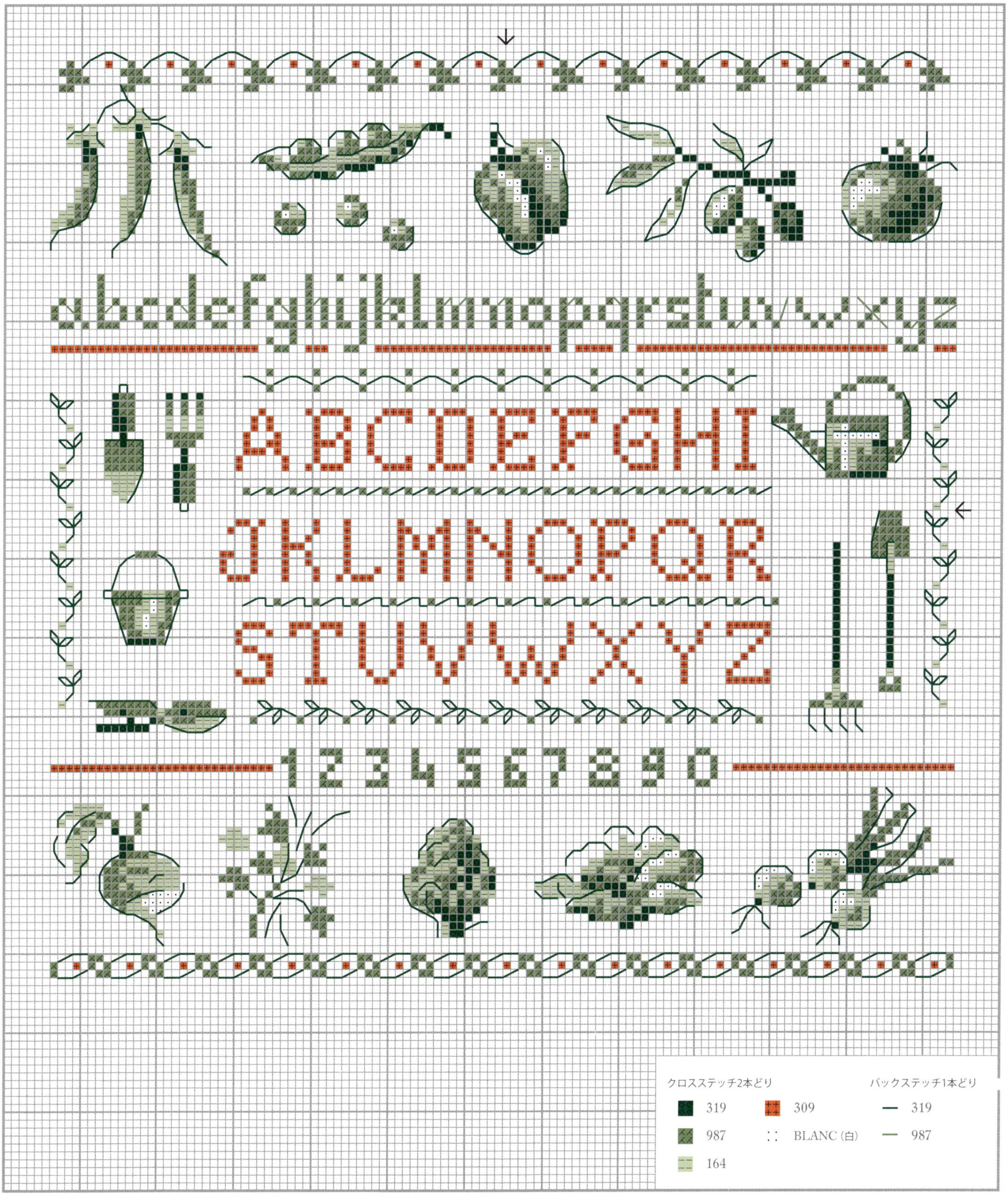

クロスステッチ2本どり		バックステッチ1本どり
■ 319	■ 309	— 319
■ 987	∴ BLANC (白)	— 987
▬ 164		

Tablier du jardin
ガーデニングエプロン

材料
●麻布のエプロン（上部の幅が25cmのもの）
●刺しゅう布　麻布（1cm＝12目）
アイボリー
・胸当て部分：33×11cm
・ポケット部分：32×23cm
●木綿布――ポケットの裏布（白）：32×23cm
●DMCの刺しゅう糸

出来上がりサイズ
●胸当て部分（P.131の型紙参照）：
下辺30.5cm、
上辺25cm、高さ9cm
●ポケット部分：30×21cm

刺しゅうのサイズ
●胸当て部分：約29.5×7.8cm
●ポケット部分：約29.5×17cm

作り方

胸当て部分
1 下のチャートを参照し、33×11cmの刺しゅう布に3本どり、3目刺しで刺しゅうする。

2 刺しゅう布の上部の刺しゅうから0.5cm上のところで裏側に折り返し、両端をエプロン上部の幅に合わせて折る。

3 赤いクロスステッチのラインから1.5cm下のところを折り、縫い代が1cmになるように余分な布を切る。

4 刺しゅう布をエプロンに重ねてマチ針で留め、かがり縫いで縫い留める。

ポケット部分
1 P.17のチャートを参照し、32×23cmの刺しゅう布に3本どり、3目刺しで刺しゅうをする。

2 刺しゅう布と木綿布を中表に合わせ、返し口を残して1cmの縫い代で周囲を縫う。表に返して返し口をまつる。

3 エプロンの胸当てから20cm下に、2で縫い合わせたポケットをマチ針で留め、3辺を縫いつける。

クロスステッチ3本どり
319
987
164
309
BLANC（白）

クロスステッチ2本どり
319
987

abcdefghijklmnopqrstuvwxyz
ABCDEFGHI
JKLMNOPQR
STUVWXYZ
1234567890

abcdef
ghijklmn
opqrstuv
wxyz
567
890

Dans la cuisine

キッチンで

昔のマジョリカ焼きを思わせるような、
ブルー単色のデザイン……。
ちょっとレトロ感のあるこのアルファベットで、
シンプルな美しさを楽しんで。

チャート P.22
1cm＝11目の麻布（アイボリー）
刺しゅうのサイズ：約9×21cm
2本どり、2目刺し

クロスステッチ2本どり	バックステッチ1本どり
■ 312	— 312
■ 334	フレンチノットステッチ1本どり
∷ BLANC (白)	• 312

クロスステッチ2本どり		バックステッチ1本どり
■	312	— 312
■	334	— 334
∴	775	

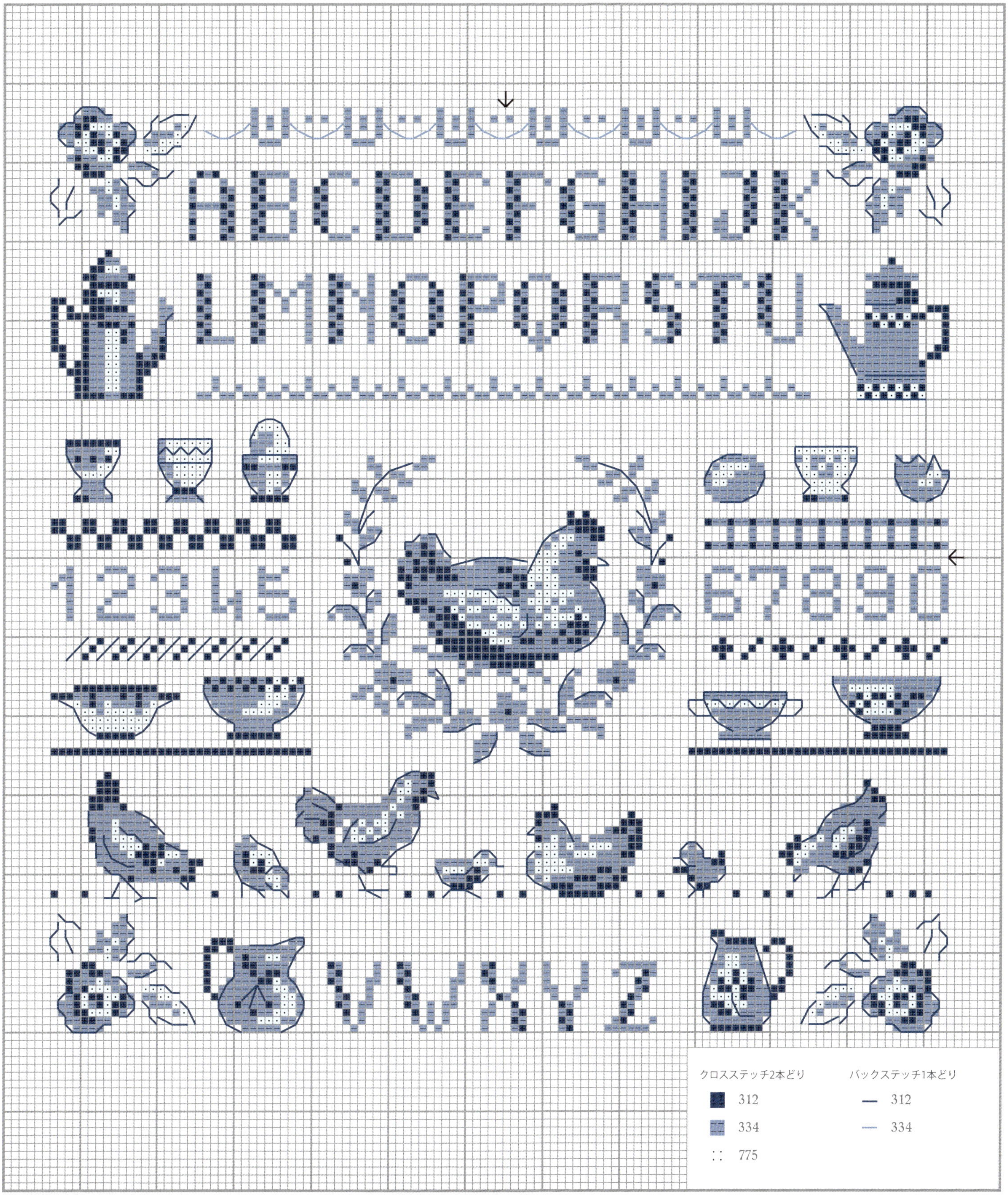

Petite poule bleue
ブルーの小さな雌鶏のラベル

材料
●ガラス瓶：円周41cm×高さ22cm
●刺しゅう布　麻布（1cm＝12目）
ホワイト：43 x 17cm
●接着芯：43 x 17cm
●DMCの刺しゅう糸

出来上がりサイズ
●41x 15cm

刺しゅうのサイズ
●41x 13cm

作り方

1 下のチャートを参照し、刺しゅう布に刺しゅうする（2本どり、2目刺し）。次に、上下の飾り模様を生地の両端まで刺しゅうする。裏に接着芯を貼る。

2 刺しゅう布の周囲を1cmの折り代で裏へ折る。ガラス瓶に巻いてみて、両端がきちんと届いているかを確認し、左右の折り代を調節する。

3 刺しゅう布の両端を合わせてかがり縫いで留め、ガラス瓶にはめる。

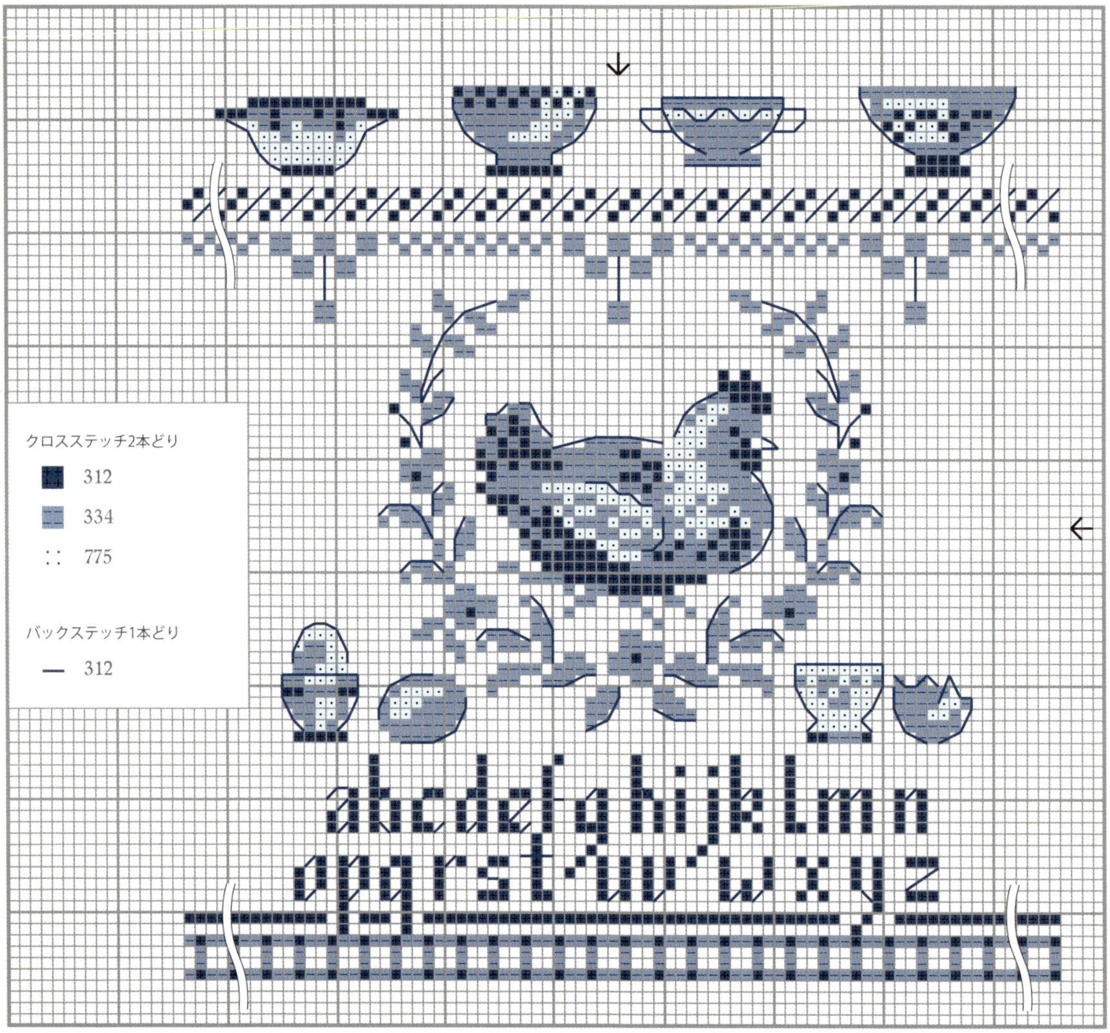

abcdefghijklmn
opqrstuvwxyz

ABC
DE
FG
HI
NO
JK
PQ
LM
RS
TU
VW
YXZ
abcdefgh
ijklm
q
on
rs
p
tuvwxyz

À la ferme

農場にて

アルファベットとモチーフを単色で刺すことで、
幼い頃のノスタルジックな情景が抒情的な作品に。

チャート P.28
1cm＝11目の麻布（ホワイト）
刺しゅうのサイズ：約21.5×21.5cm
2本どり、2目刺し

クロスステッチ2本どり
- 309
- 777

バックステッチ1本どり
— 777

クロスステッチ2本どり		バックステッチ1本どり	
BLANC (白)		312	309
334		フレンチノットステッチ1本どり	
309		334	

Pauline
abcdefghijklm
Martin
nopqrstuvwxyz

Alphabet illustré

イラストで彩るアルファベット

古き良き時代の子どもをイメージして、
アルファベットは手書き風、
名前は繊細なステッチで。

チャート P.32
1cm＝11目の麻布（ホワイト）
刺しゅうのサイズ：約9.6×13.3cm
2本どり、2目刺し

クロスステッチ2本どり

- 312
- 334
- 777
- 309

バックステッチ1本どり

- 312
- 777

フレンチノットステッチ2本どり

- 312

クロスステッチ2本どり

309

バックステッチ1本どり

— 777

フレンチノットステッチ2本どり

• 309

Cubes illustrés
イラスト入りサイコロ

材料（サイコロ1個分）

●刺しゅう布　麻布（1cm＝11目）
　アイボリー：10×10cm
●木綿布（水玉模様）：10×10cmを3枚
●木綿布（プリント地）：10×10cmを2枚
●圧縮ウール（厚手）：7×7cmを6枚
●化繊綿
●DMCの刺しゅう糸
●DMCの刺しゅう糸（パールコットン8番糸）：
　3865番
●手芸用スプレーのり

出来上がりサイズ

●7×7cm

刺しゅうのサイズ

●大きなものでも約4.5×3cm

作り方

1 P.33のチャートを参照し、刺しゅう布に2本どり、2目刺しで刺しゅうする。

2 刺しゅう布と木綿布の周囲を1.5cmの折り代で裏に折り、7×7cmの正方形になるようにする。

3 刺しゅう布と木綿布の裏にスプレーのりをかけ、圧縮ウールを中央に置き、折り代を圧縮ウールの上に折り返す。

4 6枚のパーツの辺同士を合わせ、パールコットンでかがりながら縫い合わせて組み立てていく。化繊綿を詰めて閉じる。

J
S
M
Q
W
A

A B C D E F
G H I K L M
N O P Q R S
T U V X Y Z
PLANCHE N°1

Esprit couture
お裁縫のエスプリ

針仕事の贅を尽くした、うっとりするような作品。
赤と青を基調に仕上げ、アンティークな雰囲気に。

チャート P.38
1cm＝11目の麻布（アイボリー）
刺しゅうのサイズ：約15.8×21.8cm
2本どり、2目刺し

クロスステッチ2本どり
- 312
- 334
- 347
- 3712
- BLANC (白)
- 3024

バックステッチ1本どり
- 347
- 312

フレンチノットステッチ2本どり
- 312

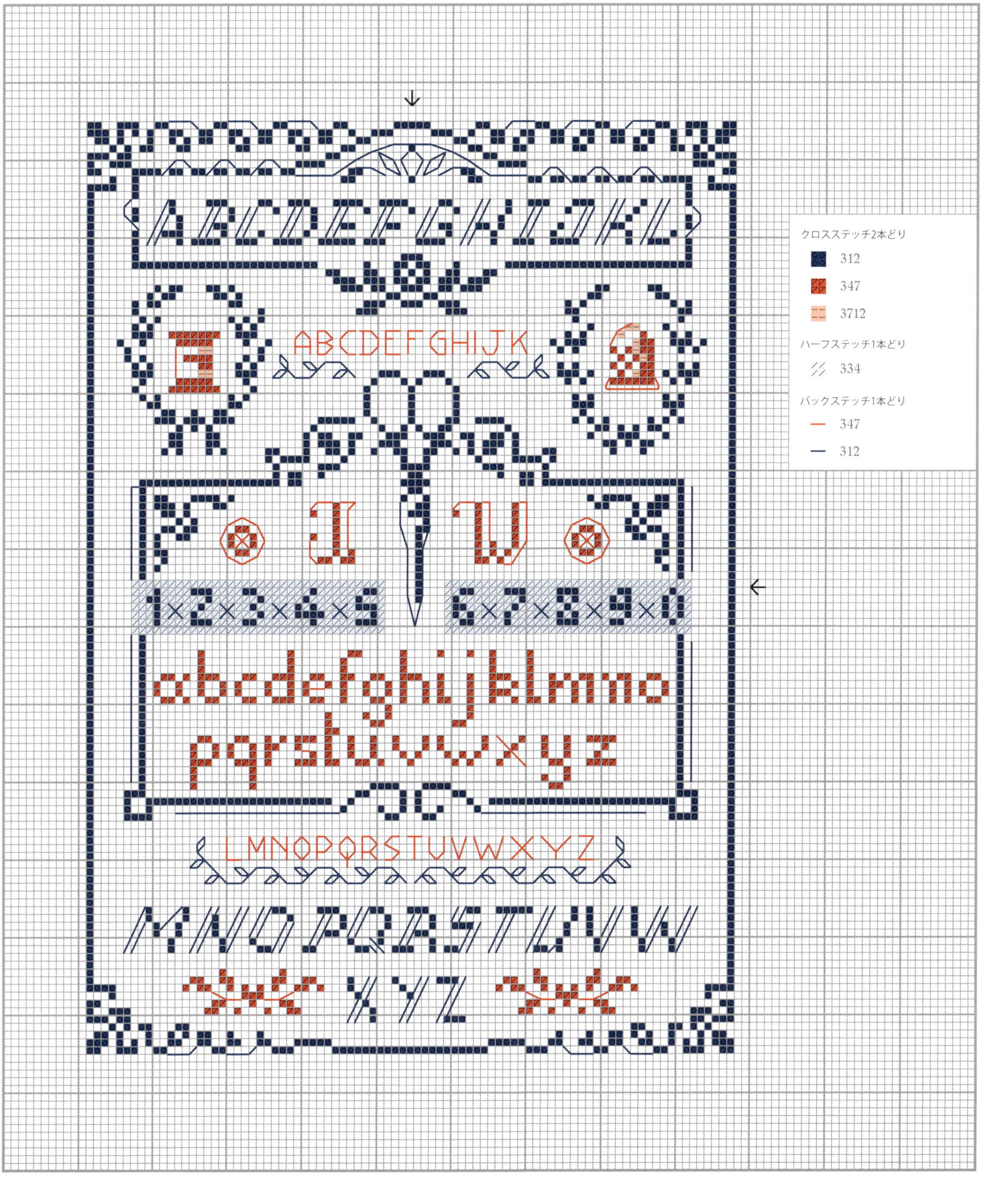

クロスステッチ2本どり
312
347
3712
ハーフステッチ1本どり
334
バックステッチ1本どり
347
312

Cahier de la couturière

お裁縫ノート

作品の作り方 P.121

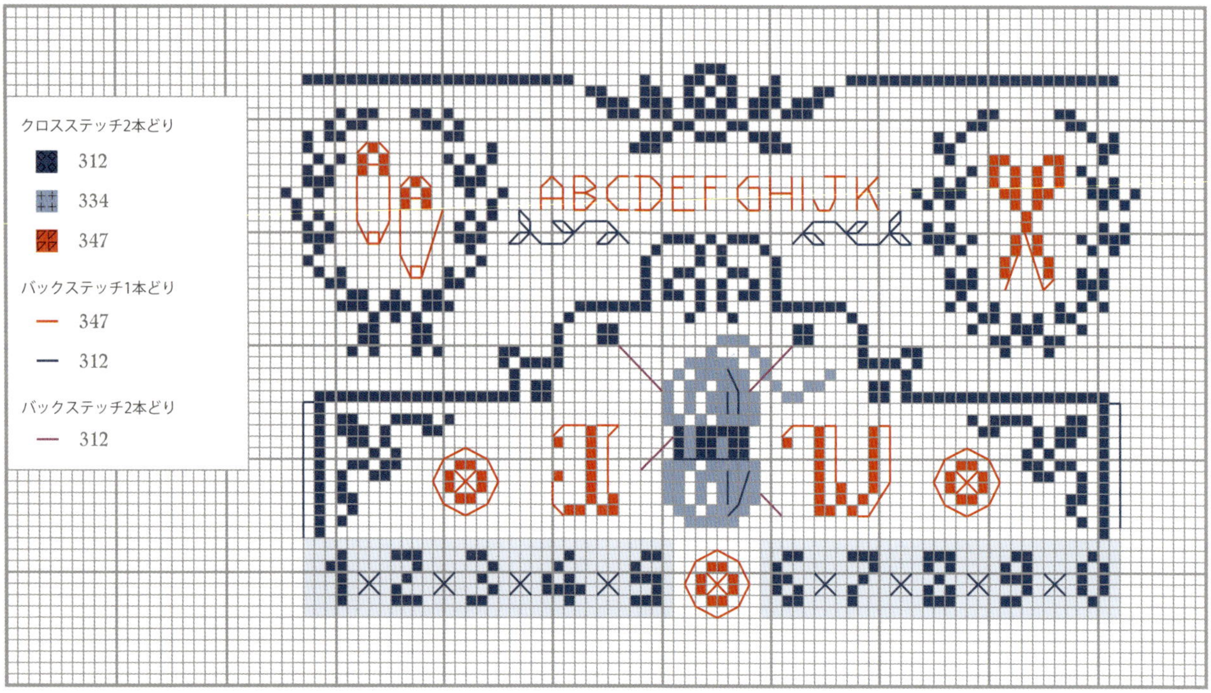

ABCDEFGHIJKL
abcdefghijklmno
pqrstuvwxyz
MNOPQRSTUVW
XYZ

Damassé

アラベスクの風

まさにアルファベットが主役！
らせん模様やアラベスク模様で飾り、
色のグラデーションを活かして、優雅なイニシャルに。

チャート P.44〜45
1cm＝11目の麻布（ホワイト、濃いベージュ、アイボリー）
2本どり、2目刺し

クロスステッチ2本どり

- 777
- 309
- BLANC（白）

ハーフステッチ1本どり

- 3832

バックステッチ1本どり

- 777
- 309

フレンチノットステッチ1本どり

- 309

4
5
6
7
8
9
0
ES CUISINE
X Y Z

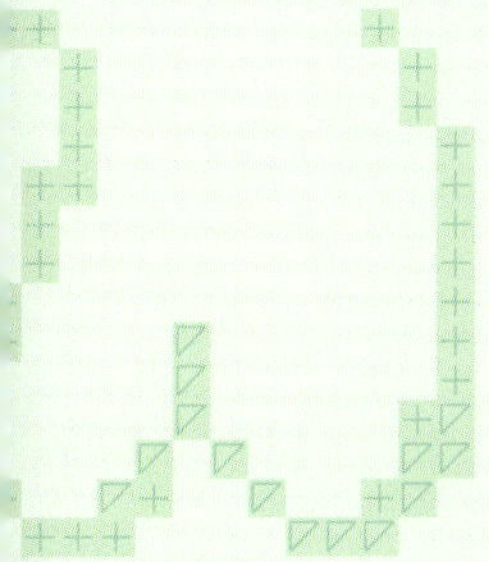

Les graphiques
グラフィカルなABC

色づかいをもっとカラフルに。
アルファベットは自由をまとい、
モチーフは空想の世界へはばたきます……。

abcde
fghijklmn
opqrstuv
wxyz

Les légumes du jardin
お庭の野菜

まるまるとしたトマト、味わい豊かなラディッシュ……。
野菜の恵みを口いっぱいに頬張って。

チャート P.50
1cm＝11目の麻布（ホワイト）
刺しゅうのサイズ：約20.5×20cm
2本どり、2目刺し

クロスステッチ2本どり

- 3326
- 3832
- 304
- 349
- 351
- 420
- 610
- 746
- 738
- 436
- 895
- 987
- 989
- 3348
- 312

クロスステッチ1本どり

- 322
- 3755

バックステッチ2本どり

- 349

バックステッチ1本どり

- 312
- 420
- 610
- 895

クロスステッチ2本どり

- 823
- 312
- 322
- 3755
- 3841
- BLANC (白)
- 304

クロスステッチ1本どり

- 349
- 351

バックステッチ2本どり

- 322

バックステッチ1本どり

- 304
- 823
- 322

Panier à légumes
野菜かご

材料
●かご（側面の高さが5cm以上あるもの）：
円周77cm
●刺しゅう布　麻布（1cm＝12目）
アイボリー：79×12cm
●グログランテープ（幅5mm）：1m

出来上がりサイズ
●5×77cm

刺しゅうのサイズ
●5×77cm

作り方
1 下のチャートを参照し、刺しゅう布の下側6cmに余白を残して、飾りモチーフを続けて両端まで刺しゅうする（2本どり、2目刺し）。

2 刺しゅう布の上部の刺しゅうぎりぎりのところで裏に折る。刺しゅう布の下部の余白も裏に折り、端を1cm内側へ折り込み、上下をぴったり合わせて裏地になるようにする。

3 かごにまいて、両端がきちんと届いているかを確認し、左右の折り代を調節する。

4 折り合わせた刺しゅう布の上部と、左右の両端をかがり縫いで留め、かごにかぶせる。

5 かごの持ち手にグログランテープを巻き、目立たないように数か所留める。

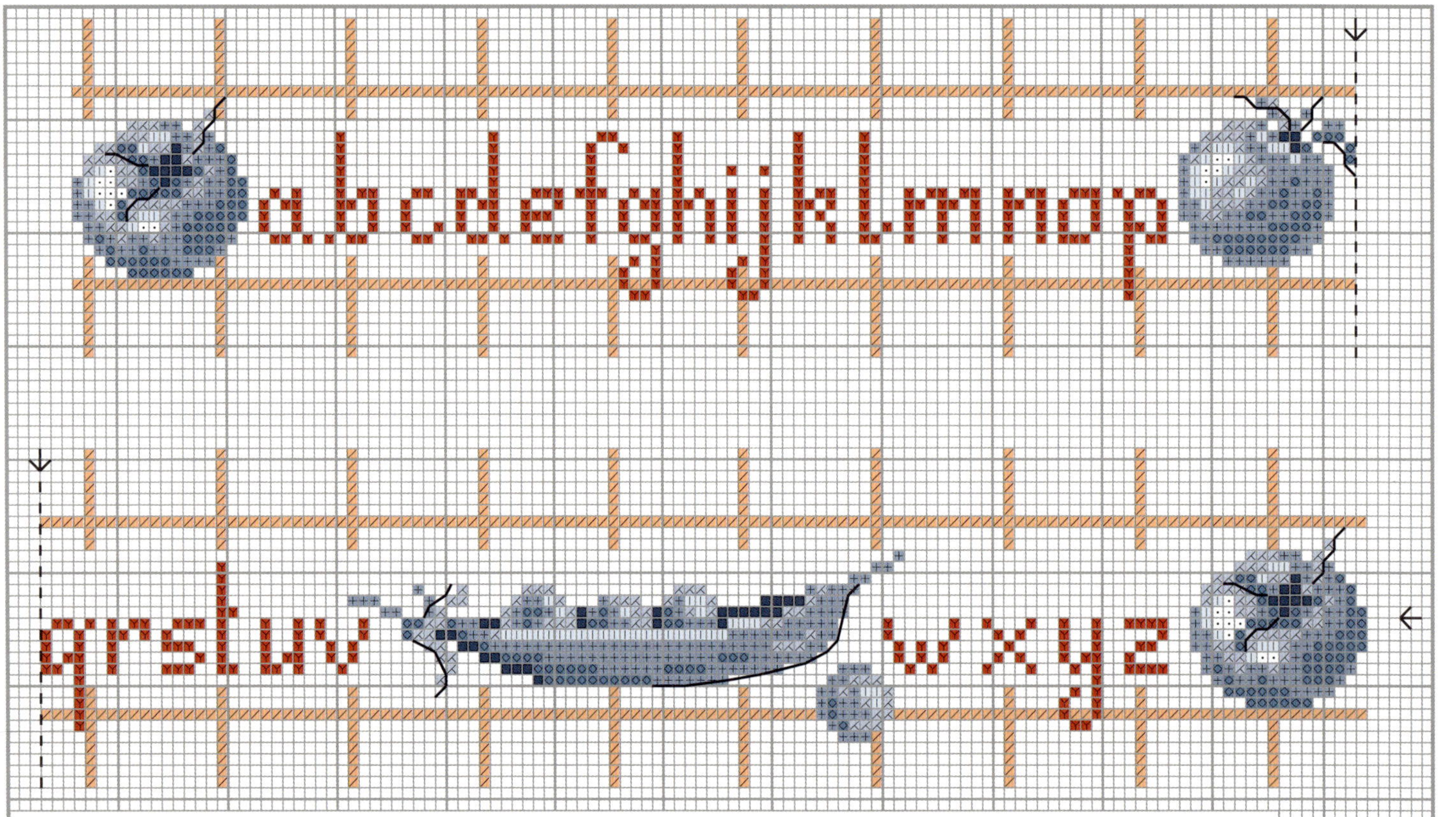

クロスステッチ2本どり
304　823　312　322　3755　3841　BLANC（白）

クロスステッチ1本どり
351

バックステッチ1本どり
823

wxyz
abcdefghijkl

A B C
D E F G H I
J K L M N
O P Q R S
T U V W
X Y Z

Joli printemps
麗しき春

花と小鳥たちが繊細にアルファベットを飾り、
春らしい雰囲気を演出。

チャート P.57
1cm＝11目の麻布（ホワイト）
刺しゅうのサイズ：約20×23cm
2本どり、2目刺し

A B C
D E F G H I
J K L M N
O P Q R S
T U V W
X Y Z

クロスステッチ2本どり

- 368
- 3803
- BLANC (白)
- 320
- 807

クロスステッチ1本どり

- 704

バックステッチ1本どり

- 3765
- 320
- 3803

クロスステッチ2本どり
368
3803
320
807
バックステッチ1本どり
3765
320
3803

Sac chic

ミントグリーンの手さげバッグ

作品の作り方 P.122

ABCDE
FGHIJKLMN
OPQRSTUV
WX YZ

Cœur fleuri
お花で飾るハート

花々は咲き乱れ、蝶たちはひらひらと舞い、
アルファベットは踊る……。
さわやかな春色のハート。

チャート P.62
1cm＝11目の麻布（濃いベージュ）
刺しゅうのサイズ：約22×21.5cm
2本どり、2目刺し

クロスステッチ2本どり

3726	BLANC（白）	676	3347
3688	3047	833	3362
3689	3013	3778	840
225	745	3348	779

バックステッチ1本どり

— 779　— 3362

フレンチノットステッチ2本どり

• 3726

クロスステッチ2本どり

3726	3047	3347	931
3688	745	3362	932
3689	676	841	
225	833	840	
BLANC (白)	3348	779	

バックステッチ1本どり

779	3362
3803	

Pour la porte

ドアストッパー

材料

●刺しゅう布　麻布（1cm＝12目）
アイボリー）：82×19cm
●麻布――後ろ布（ナチュラル）：85×22cm
●化繊綿
●重りになるもの（砂袋、小豆など）
●DMCの刺しゅう糸
●DMCの刺しゅう糸（コットンパール5番）：
3865番、225番

出来上がりサイズ

●81×18cm

刺しゅうのサイズ

●約77×13.8cm

作り方

1 P.63のチャートを参照し、刺しゅう布に3本どり、3目刺しでクロスステッチを刺し、2本どりでバックステッチを刺す。

2 刺しゅう布の周囲を1.5cmの折り代で裏に折り、79×16cmの長方形になるようにする。

3 後ろ布を2cmの折り代で、81×18cmの長方形になるように折る。
＊角は額縁に折る（P.127、針ケース参照）。

4 刺しゅう布と後ろ布を裏同士で合わせ、周りに後ろ布が1cmずつ見えるようにマチ針で留める。針にパールホワイトの糸とパールピンクの糸を1本ずつ刺し、大きな目のステッチでかがる。

5 かがりながら様子を見て、少しずつ化繊綿と重りになるものを詰めていく。

バリエーション

ABC
DEFGHIJKLMNOPQRSTUVW
XYZ

Bienvenue
ABCDEFGHIJ
KLMNOPQR
STUVW
XYZ

Cœur bienvenue
おもてなしの気持ち

優雅なアルファベットを花で飾った、
繊細なハートのモチーフ。

チャート P.62（大きなハート）
1cm＝11目の麻布（アイボリー）
刺しゅうのサイズ：約21×22cm
2本どり、2目刺し

クロスステッチ2本どり

3803	3364
3688	931
151	932
3362	

バックステッチ1本どり

- 3803
- 3362
- 931

フレンチノットステッチ2本どり

- 3803
- 151
- 931

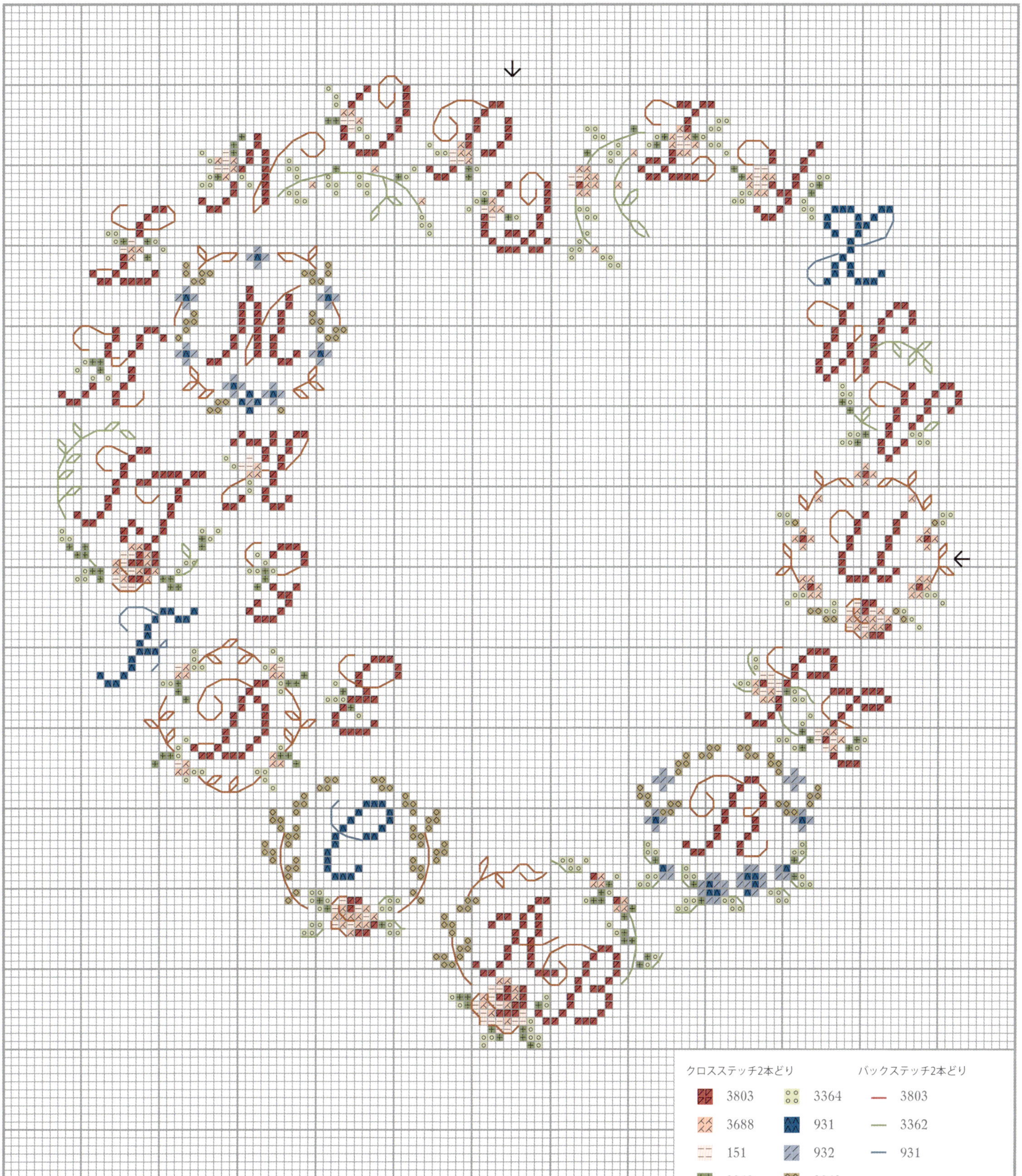

クロスステッチ2本どり		バックステッチ2本どり
3803	3364	3803
3688	931	3362
151	932	931
3362	3863	

Coeurs parfumés
ハートの壁飾り

作品の作り方 P.124

Cœur bienvenue
小さなハート&ラベル

材料

●刺しゅう布　麻布（1cm＝11目）
ホワイト
・ハート：10×10cm
・ラベル：10×5cm
●コード（緑）：50cm
●木綿布――裏布（白）：10×10cm
●化繊綿
●DMCの刺しゅう糸

刺しゅうのサイズ

●約4×3.6cm（ハート）
（出来上がりサイズ：約5×5cm）
●約3.5×1cm（ラベル）
（出来上がりサイズ：約8×2.5cm）

作り方

1 P.68のチャートを参照し、10×10cmの刺しゅう布にハートのモチーフを1本どり、1目刺しで刺しゅうする。10×5cmの刺しゅう布には、「Bienvenue（ようこそ）」を1本どり、1目刺しで刺しゅうする。

2 「Bienvenue」と刺しゅうした布を、8×2.5cmの長方形になるように周囲を裏に折り、緑をぐるりと1本どりでステッチする。

3 ハートの型（P.131）をハートのモチーフを刺しゅうした布の裏に写し、木綿布にもハート型を写す。それぞれ1cmの縫い代をつけて切り、2枚を中表に合わせ、返し口を残して縫い合わせる。縫い代部分に切り込みを入れ、表に返す。

4 化繊綿を詰めて返し口を閉じる。

5 コードを蝶結びにし、ハートの谷の部分に縫いつける。ラベルとハートをコードでつなげる。

Cœurs parfumés
ハートの壁飾り

Porcelaine et faïence

飾り皿と陶器

まるで本物のよう！
花のモチーフと影のニュアンスの効果で、
本物よりも本物らしい陶器の飾り皿に。

チャート P.76
1cm＝11目の麻布（アイボリー）
刺しゅうのサイズ：約15×15cm
2本どり、2目刺し

Délicates faïences

優雅なファイアンス焼き

ロマンティックな3部作が、
チャーミングな作品を構成します。

チャート P.77-79
1cm＝11目の麻布（アイボリー）
出来上がりサイズ：各40×40cm
刺しゅうのサイズ：約19.3×18.4cm
2本どり、2目刺し

クロスステッチ2本どり		ハーフステッチ1本どり	
■	150	∕∕	318
✚	3731		
∘∘	3354	バックステッチ1本どり	
◇◇	3864	—	150
⁼⁼	543	—	3731

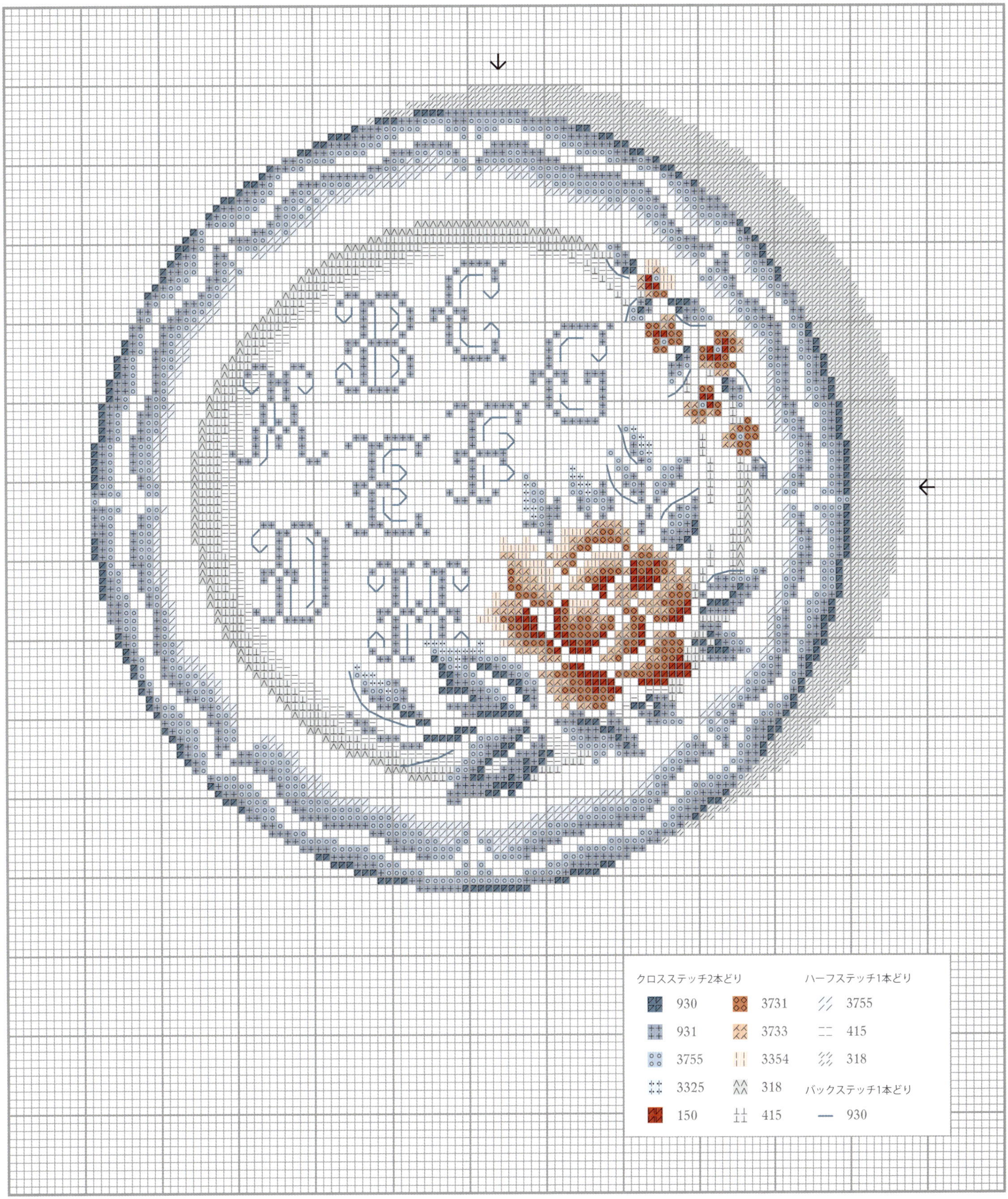

クロスステッチ2本どり

- 930
- 931
- 3755
- 3325
- 150
- 3731
- 3733
- 3354
- 318
- 415

ハーフステッチ1本どり

- 3755
- 415
- 318

バックステッチ1本どり

- 930

クロスステッチ2本どり

- 319
- 3346
- 471
- 472
- 150
- 602
- 604
- 963
- 754
- 3064
- 3864
- 543

ハーフステッチ1本どり

- 318

バックステッチ1本どり

- 319
- 150
- 602
- 3064

クロスステッチ2本どり

- 561
- 320
- 164
- 3834
- 3835
- 3721
- 3778
- BLANC（白）
- 318
- 415

ハーフステッチ1本どり

- 415
- 318

バックステッチ1本どり

- 561
- 3721
- 3834

En liberté

いろいろなABC

アルファベットははばたき、
モチーフは複雑に、
そして色は華やかに……。
色彩と夢が広がる、
アルファベットモチーフの新しい世界。

Théière

ティーポット

伝統にとらわれない、まったく新しいアルファベットモチーフ。
グラフィカルな要素として大胆に取り入れています。

チャート P.84
1cm＝11目の麻布（アイボリー）
刺しゅうのサイズ：約21×20.4cm
2本どり、2目刺し

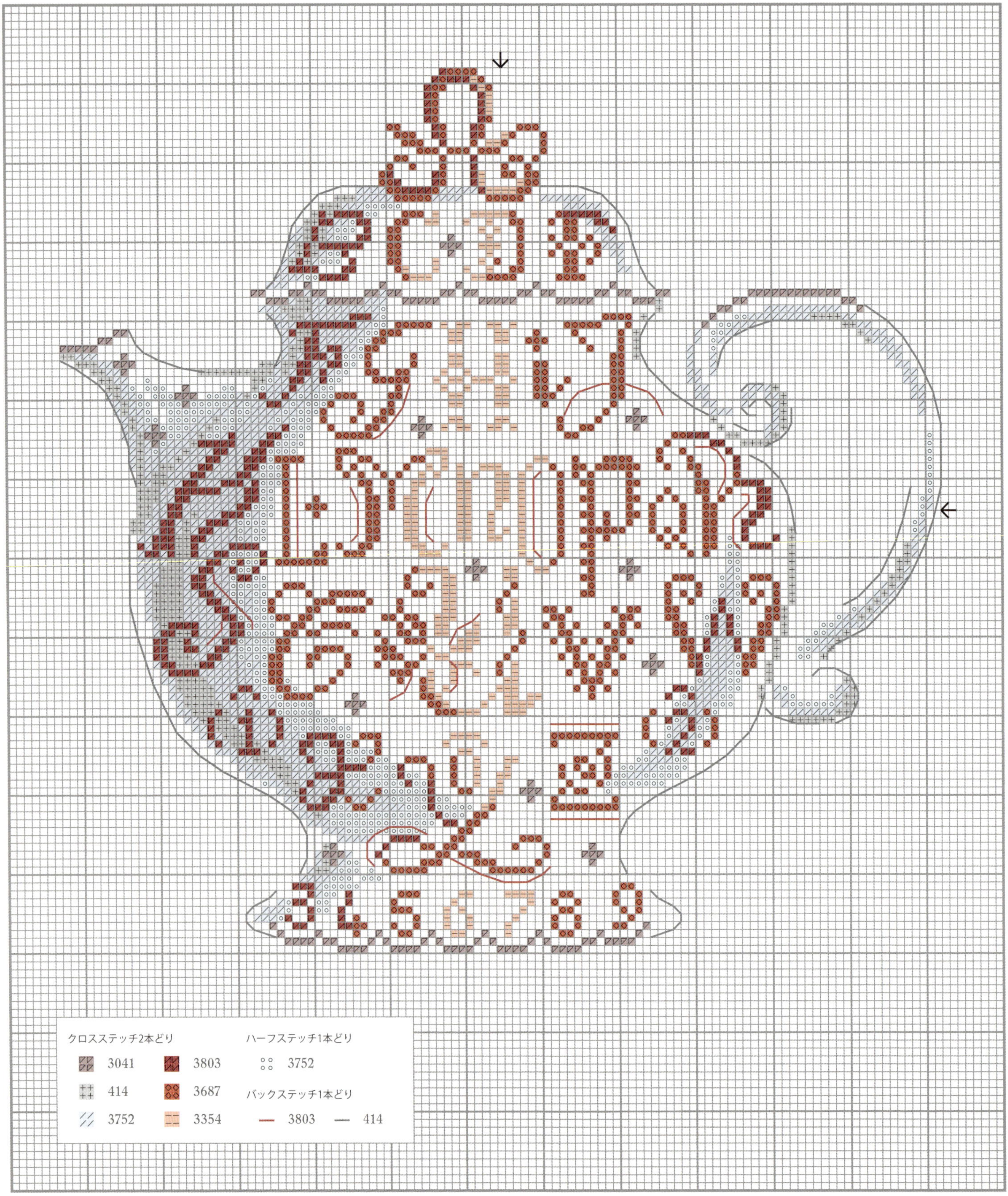

クロスステッチ2本どり

- 3041
- 414
- 3752
- 3803
- 3687
- 3354

ハーフステッチ1本どり

- 3752

バックステッチ1本どり

- 3803
- 414

クロスステッチ2本どり
3041
414
3752
3687
バックステッチ1本どり
3803
414

クロスステッチ2本どり

3350	3803	777	436	415
3806	3607	309	434	3811
605	3608	3712	414	3766

バックステッチ1本どり

3350	777
3803	414

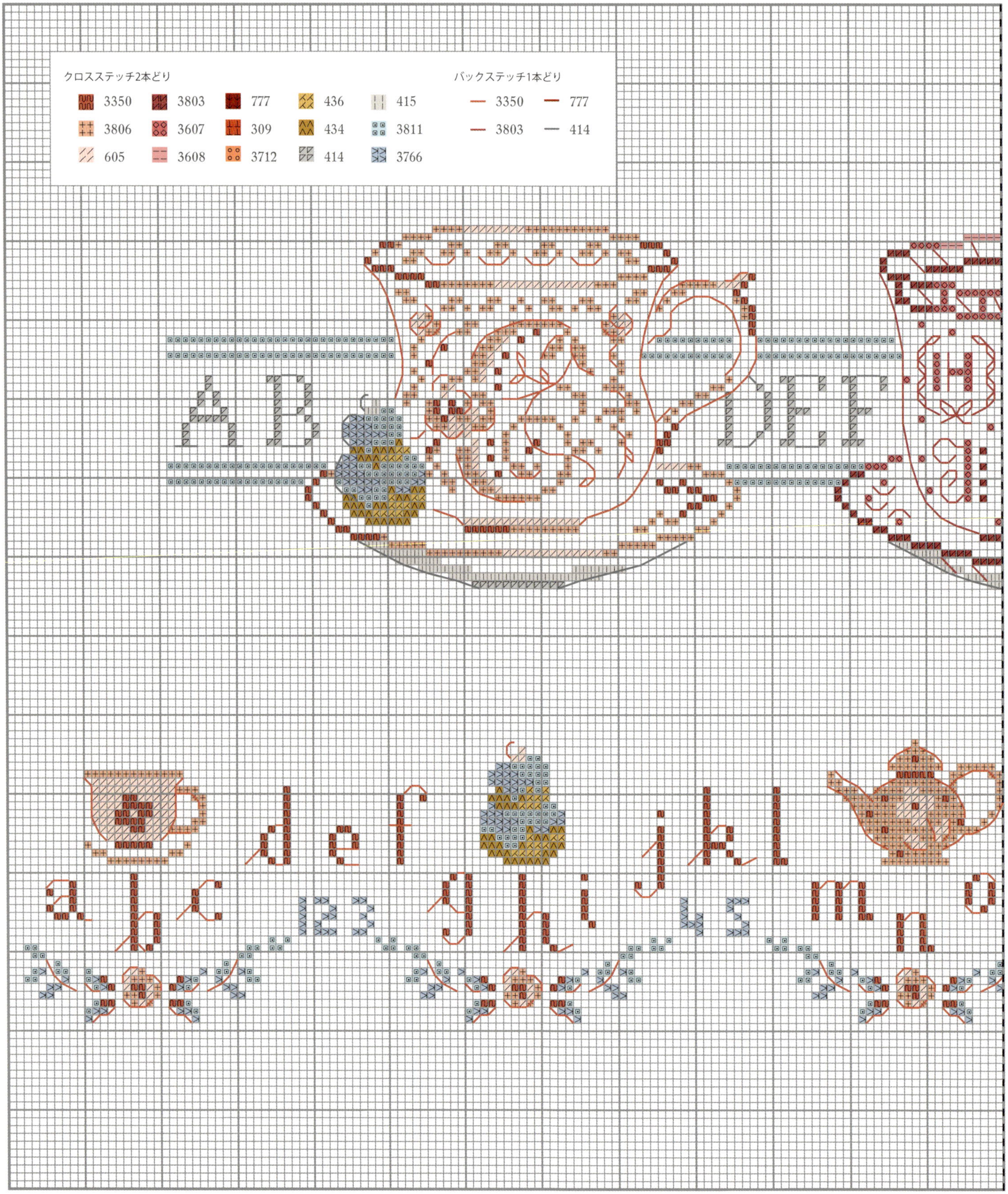

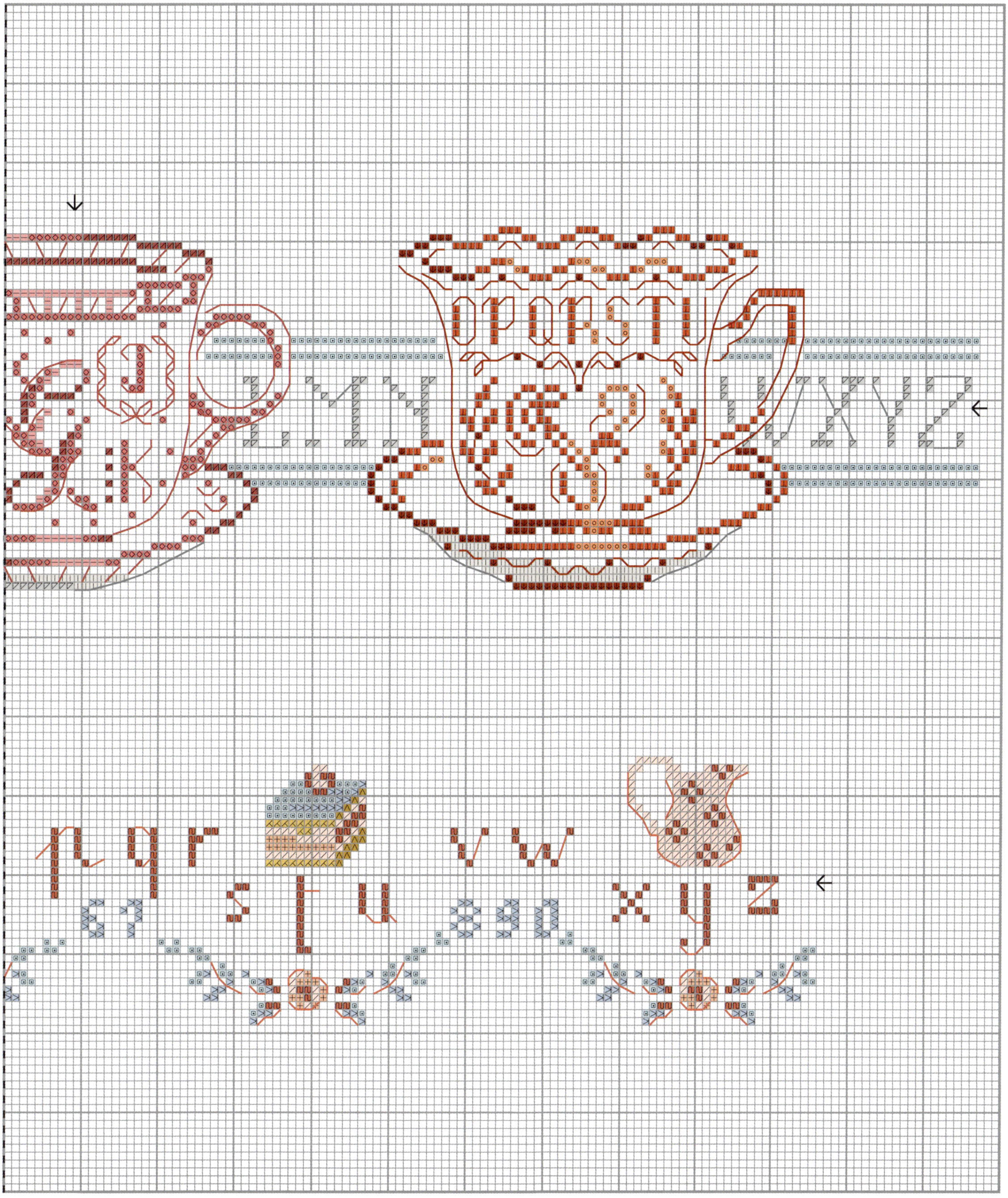

L'heure du thé

お茶の時間

材料
●刺しゅう布　麻布（1cm＝11目）
　アイボリー：9×95cmを4枚
●麻布（白地に赤の縞模様）：95×95cm
●DMCの刺しゅう糸

出来上がりサイズ
●93×93cm

刺しゅうのサイズ
●1辺約80cm
※作品写真では、アルファベット3文字の間にモチーフを1つ刺しゅうしています。

作り方
1 下のチャートを参照し、刺しゅう布4枚に、2本どり、2目刺しでモチーフを刺しゅうする。
　＊左に4.5cm余白を残して刺しゅうを始め、80cmのところまでモチーフを続ける。

2 上の青いラインから1.1cmのところを裏に折り、下の青いラインから3.2cmのところを裏に折る。"a"の文字から左に3.5cmのところを折り、右端はその折り返しから93cmのところを折る。

3 縞模様の麻布の周囲を1cm表に折る。

4 刺しゅう布4枚を縞模様の麻布の縁にマチ針で留め（左端がそれぞれの角にくるように）、縫いつける。

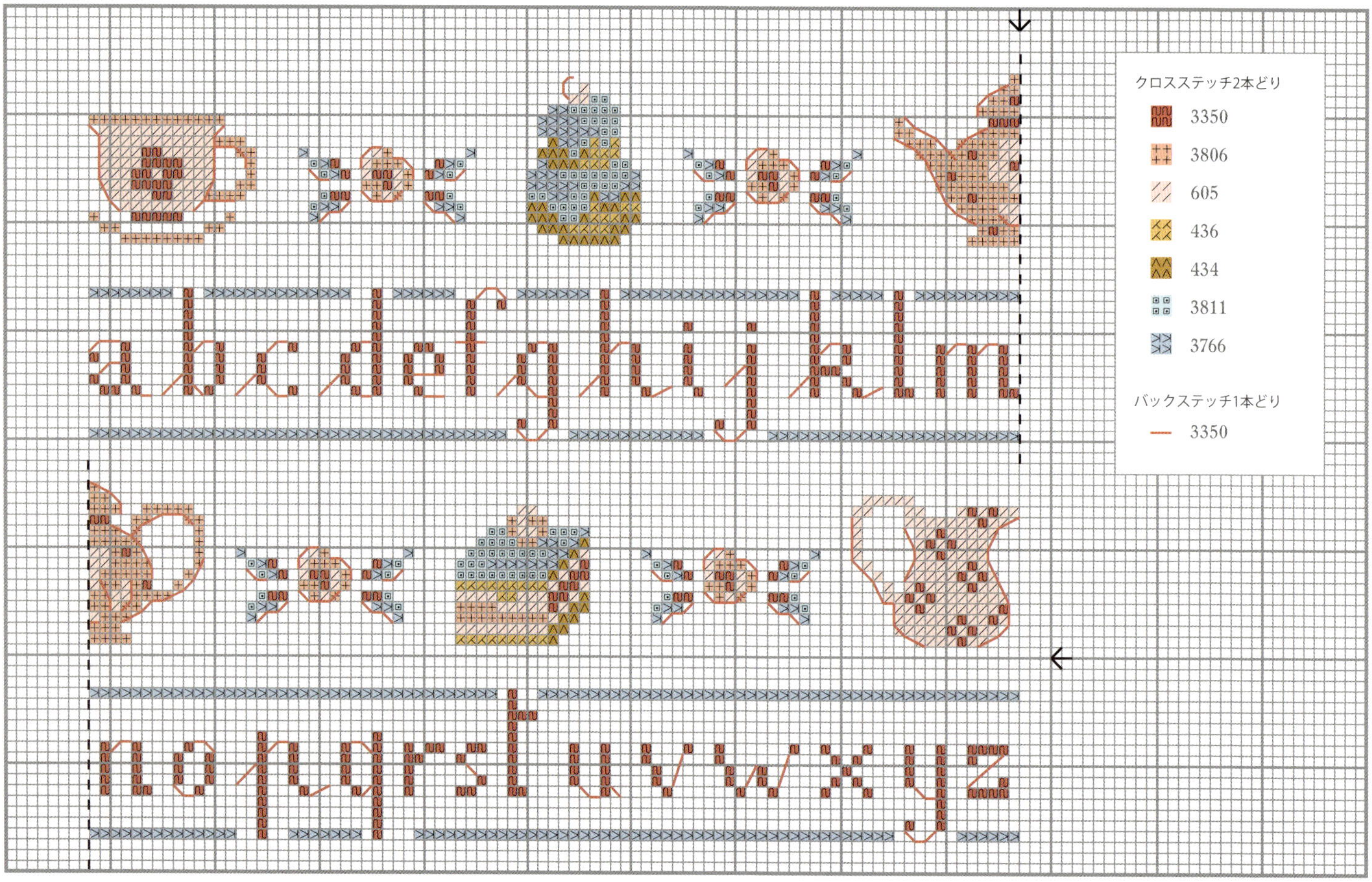

abc
ghi
jkl
mno
pqr
stu

Pour mes ouvrages

1 2 3 4 5 6 7 8 9 10

A B C d E F g h i J
  m N O q r s t   K
L u v w P x E Y
                    z

Textile
テキスタイル

形も色もデザインもごちゃ混ぜに。
アルファベットが自由に遊んで、とってもモードな雰囲気。

チャート P.93
1cm＝12目の麻布（アイボリー）
刺しゅうのサイズ：約19.5×17.7cm
2本どり、2目刺し

クロスステッチ2本どり
- 841
- BLANC (白)
- 3685
- 3805
- 603
- 605
- 3809
- 3766
- 913

バックステッチ1本どり
- 3685
- 3805
- 3809

クロスステッチ2本どり
- 839
- 841
- 3802
- 223
- 224
- 225

バックステッチ1本どり
- 3350

クロスステッチ2本どり
- 839
- 841
- BLANC（白）
- 158
- 793
- 157

バックステッチ1本どり
- 158
- 839
- 841

フレンチノットステッチ2本どり
- 158

Pochette féminine

フェミニンなポーチ

材料

- 刺しゅう布　麻布（1cm＝12目）
  濃いベージュ：24×41cm
- 刺しゅう布　麻布（1cm＝12目）
  ホワイト：24×12cm
- 麻布──後ろ布（ピンク）：24×51cm
- リボン（ピンク）：50cm
- DMCの刺しゅう糸

出来上がりサイズ

- 22×21cm

刺しゅうのサイズ

- ふた：約19×8cm
- 土台：約19.5×9.3cm

作り方

1 P.92〜93のチャートを参照し、刺しゅう布（ふたと土台）に2本どり、2目刺しで刺しゅうする。

2 ホワイトの刺しゅう布（ふた）の上部の辺と、濃いベージュの刺しゅう布の下部の辺（刺しゅうをしていない側）を中表に合わせ、1cmの縫い代で縫い合わせる。

3 ピンクの麻布と2の縫い合わせた刺しゅう布を中表に合わせ、返し口を残して1cmの縫い代で周囲を縫う。表に返して形を整えて返し口をまつる。

4 濃いベージュの刺しゅう布の刺しゅう側の端から18cmのところで折って底を作り、左右の辺をかがり縫いで縫う。ホワイトの刺しゅう布も折ってふたにする。

5 リボンを半分に切り、ふた側の端の中央に一方を縫いつけ、ふたを下して土台側に位置を決めてもう一方を縫いつける。

寸法図

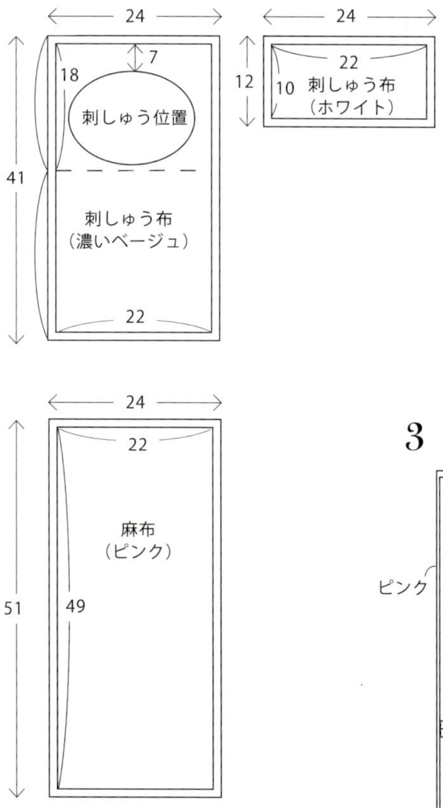

1 & 2

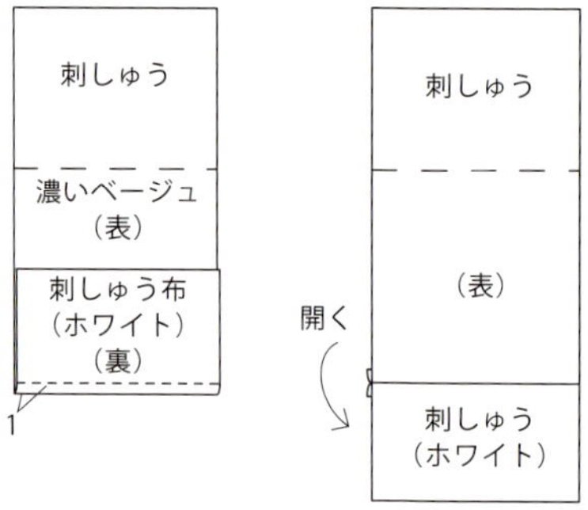

4

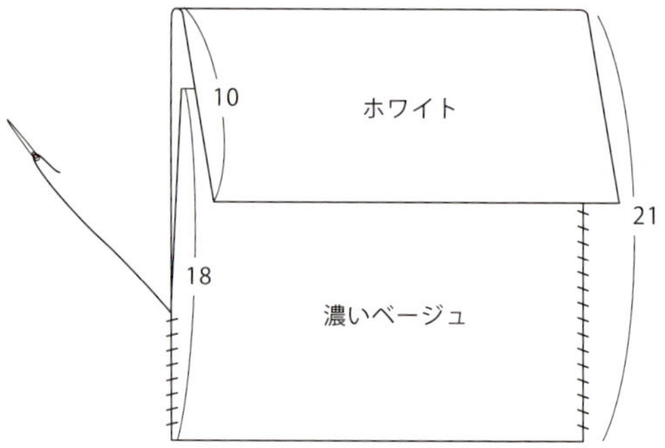

3

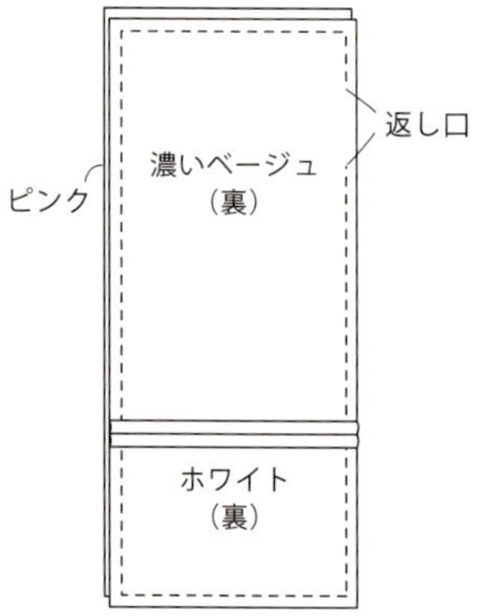

5

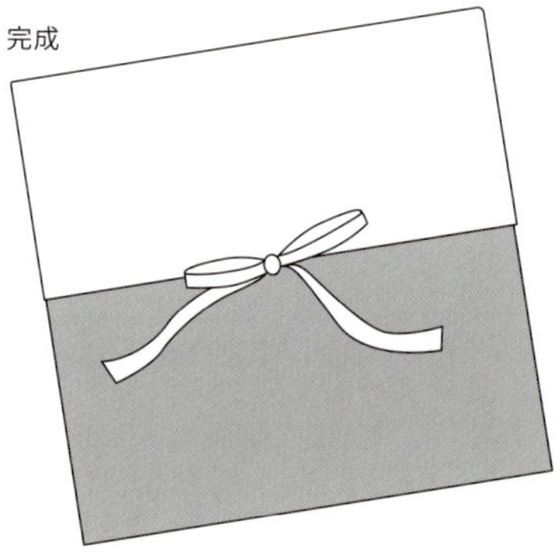

Pour
ÊTRE
BELLE

ABC
1234567890
HIJK
wxy

Esprit patchwork

パッチワーク風に

アルファベットモチーフを組み合わせて、贅沢なパッチワーク風に。
文字はさまざまな形のモチーフを、のびのびとつむぎます。

チャート P.98〜99
1cm＝11目の麻布（濃いベージュ）
刺しゅうのサイズ：約28.4×24.7cm
2本どり、2目刺し

P.103(A)のモチーフ
※1本どり
P.103(C)のモチーフ
※1本どり

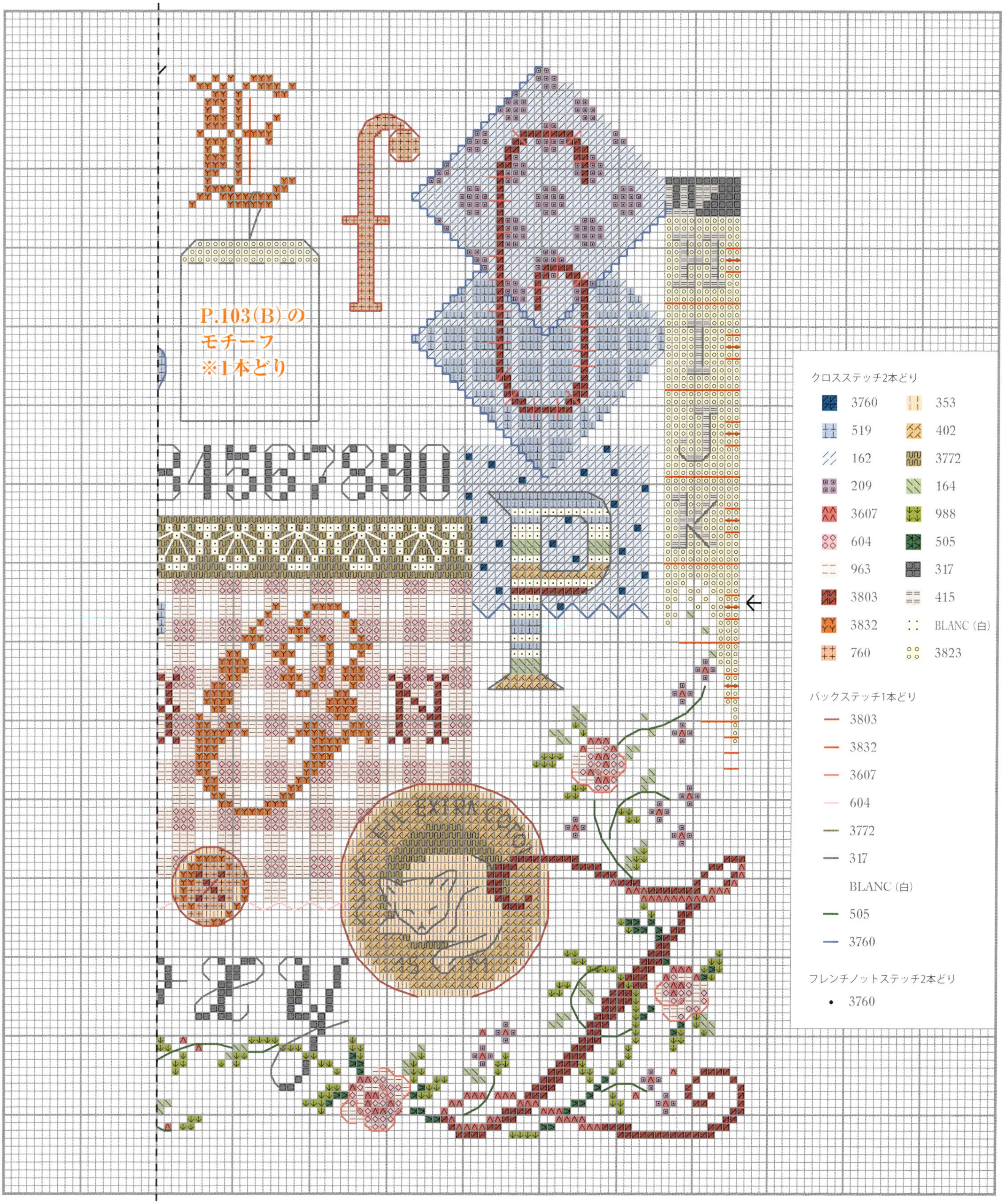

クロスステッチ2本どり

3760	353
519	402
162	3772
209	164
3607	988
604	505
963	317
3803	415
3832	BLANC (白)
760	3823

バックステッチ1本どり

- 3803
- 3832
- 3607
- 604
- 3772
- 317
- BLANC (白)
- 505
- 3760

フレンチノットステッチ2本どり

- 3760

三角形のビスコーニュ（ピンクッション）

※針ケース、ハサミケース、ビスコ―ニュの作り方は、
P126〜P.130を参照してください。

材料

●刺しゅう布　麻布（1㎝＝12目）
　濃いベージュ：14×8㎝
●波テープ（濃いピンク）：6㎝
●化繊綿
●DMCの刺しゅう糸

刺しゅうのサイズ

●約5.8×4.3cm

作り方

1 P.102のチャートを参照し、刺しゅう布に2本どり、2目刺しで刺しゅうする。周囲の縫い代をアイロンで裏へ折り込む。

2 長い辺を表を外側にして半分に折り、筒状になるように2辺をかがって縫い合わせる。

3 2の縫い目が中心にくるように折り返し、下側の辺をかがって縫い合わせ袋状にする。

4 綿を詰め、入れ口を元の位置で半分に折り、三角形のてっぺん（折った側の角）に半分に折った波テープをはさみ込んでかがってとじる。

寸法図

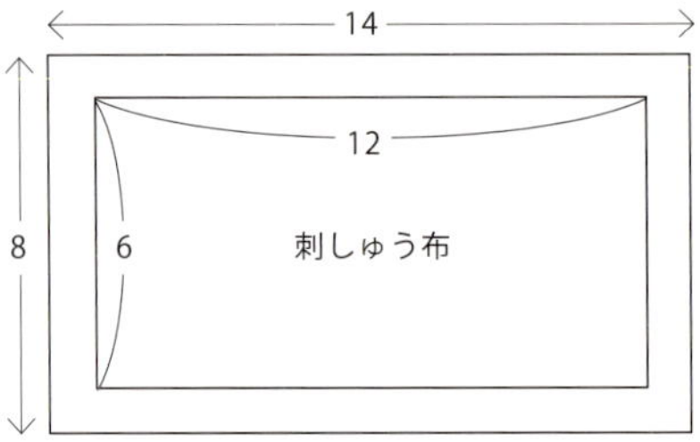

1

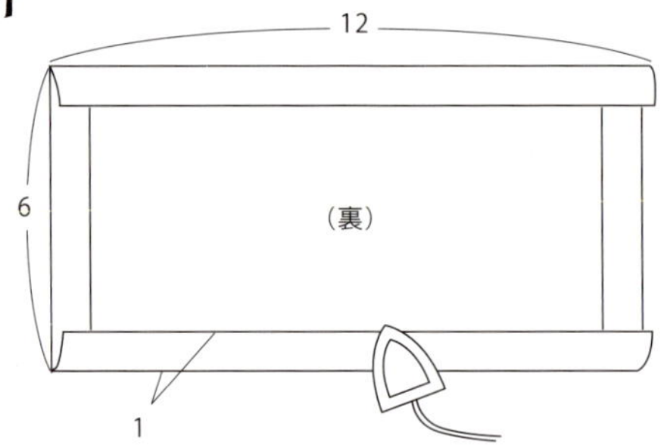

2

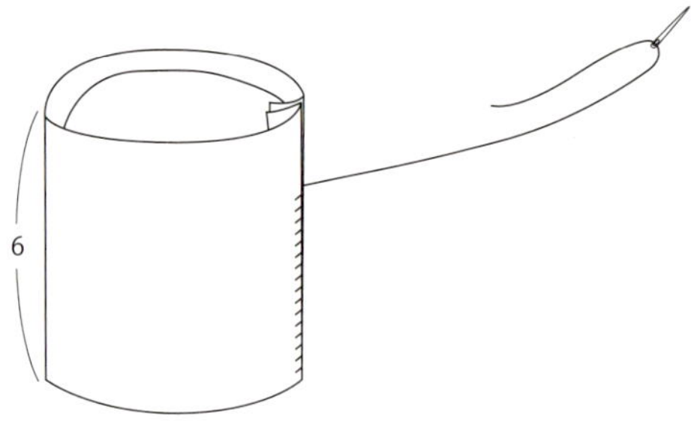

3

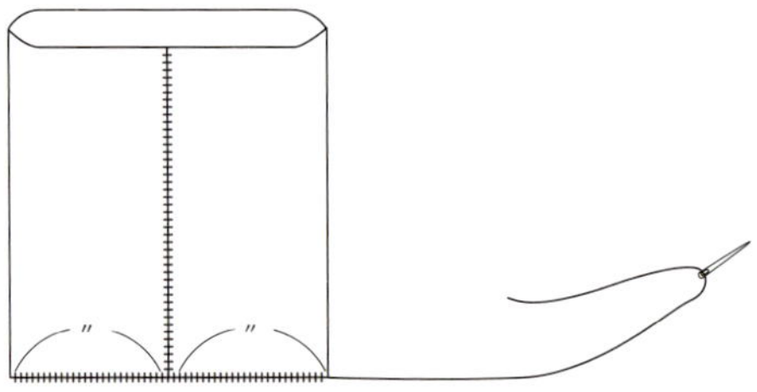

4

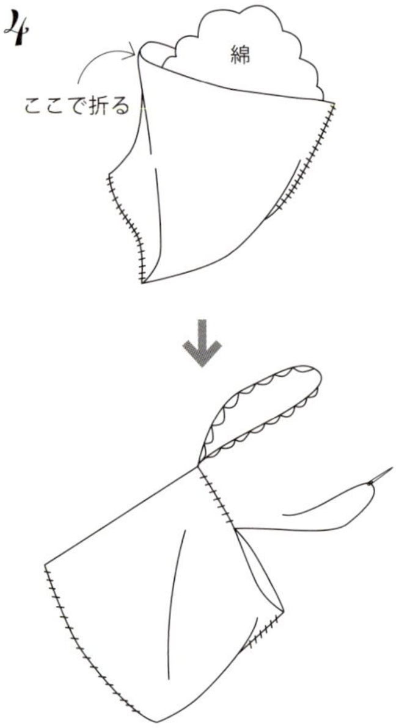

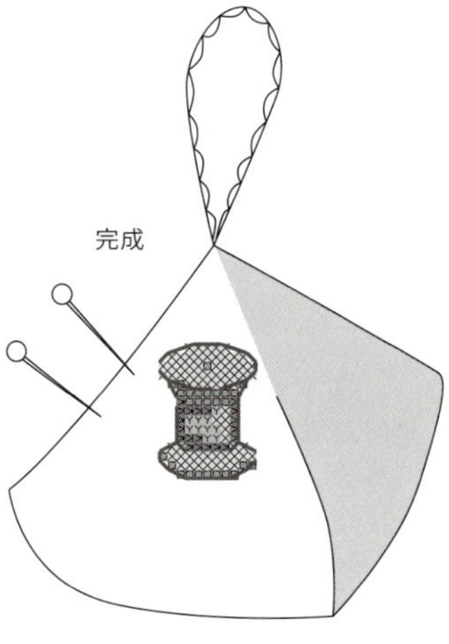

MNO
PQR

クロスステッチ2本どり		
✚ 988	▦ 3803	⊠ 760
■ 505	◭ 3832	Y 353

△ 3607	✕ 963
⧈ 604	▨ 3772

バックステッチ1本どり
— 3803
— 505

本ページでは、織り糸の縦１本・横１本を１目として刺しています。
(A)・(B)は3パターン、(C)は2パターンから好きな柄をお選びください。

クロスステッチ1本どり

164	3760	3803	3607	353	317	3823
988	519	3832	604	402	415	
505	162	760	963	3772	BLANC (白)	

バックステッチ1本どり

3803
3760
317

Majestueuse !

マジェスティック！

26の文字が組み合わさって、
アラベスク風の豪華なイニシャルを構成。

チャート P.106
1cm＝11目の麻布（ホワイト）
刺しゅうのサイズ：約19.8×18.7cm
2本どり、2目刺し

クロスステッチ2本どり

BLANC (白)

バックステッチ1本どり

BLANC (白)

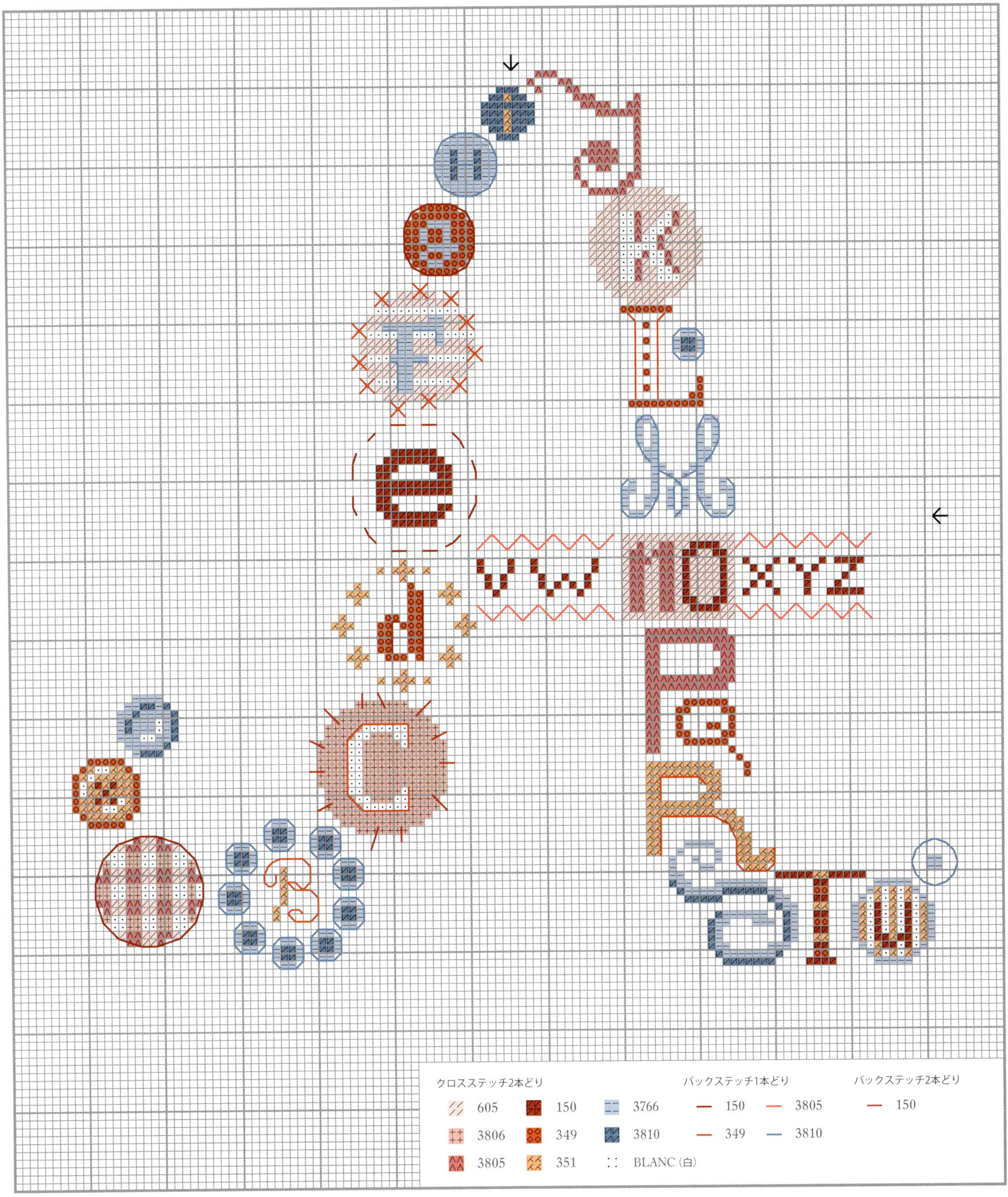

クロスステッチ2本どり					
605		150		3766	
3806		349		3810	
3805		351		BLANC (白)	

バックステッチ1本どり		バックステッチ2本どり
150	3805	150
349	3810	

Le coussin
クッション

材料
●刺しゅう布　麻布（1cm＝12目）
ホワイト：30×30cm
●麻布（ピンクのライン入り）：
60×60cm
●圧縮ウール（厚手）：直径23.5cmの円形
●化繊綿
●手芸用スプレーのり
●DMCの刺しゅう糸

出来上がりサイズ
●直径35cm

刺しゅうのサイズ
●約19.3×19cm

作り方
1 P.107のチャートを参照し、刺しゅう布に2本どり、2目刺しで刺しゅうする。

2 圧縮ウールの片面にスプレーのりをかけ、刺しゅう布の中央に置く。刺しゅう布を圧縮ウールより約2cm大きく切る。

3 刺しゅう布の縁周り0.5cmのところを、丈夫な糸でぐし縫いする。

4 糸を引き、圧縮ウールの裏の周りに生地を寄せるようにする。圧縮ウールの裏に大きなステッチで縫いつける（縫い目が表側に出ないように）。

5 麻布のふきんに直径55cmの円を描き、線通りに切る。縁周り0.5cmのところを丈夫な糸でぐし縫いする。

6 開口部が直径20cmになるまで糸を引き、化繊綿を詰める。

7 圧縮ウールを貼った刺しゅう布を、6の開口部をふさぐように中央に置き、マチ針で留め、かがり縫いで留める。

Parfum d'enfance
子どもの頃の思い出

男の子用でも女の子用でも、
アルファベットを蔓状にからめたモチーフで、
子どもの頃の思い出を閉じ込めて。

チャート P.112
1cm＝11目の麻布（ホワイト）
刺しゅうのサイズ：約21.2×21.1cm
2本どり、2目刺し

クロスステッチ2本どり

311	162	3850	155	3078
798	3766	913	3831	BLANC (白)
809	3810	955	726	

バックステッチ1本どり

311	3831
3850	

クロスステッチ2本どり

3685, 349, 3806, 702, 3078

816, 351, 605, 704, BLANC (白)

3832, 3805, 3850, 726

バックステッチ1本どり

3685, 351, 3850

816, 726

3806, 702

バックステッチ2本どり

3850

Valisette enfant

子ども用トランク

材料

●紙製トランク：30×21cm
●刺しゅう布　麻布（1cm＝12目）
　ホワイト：27×21cm
●レース（黄色／ピンク）：各70cm
●圧縮ウール（厚手）：25×20cm
●手芸用ボンド
●手芸用スプレーのり
●DMCの刺しゅう糸

出来上がりサイズ

●23×17cm（レース含まず）

刺しゅうのサイズ

●約18.5×14cm

作り方

1 下のチャートを参照し、刺しゅう布の中央に2本どり、2目刺しで刺しゅうする。

2 楕円形の型紙（P.131）を圧縮ウールに写し、線通りに切る。

3 圧縮ウールの片面にスプレーのりをかけ、刺しゅう布の裏中心に貼り、周囲に2cmの折り代をつけて切る。折り代部分を圧縮ウールの上に折り返し、大きなステッチで縫いつける（縫い目が表面に出ないように）。

4 刺しゅう布の周囲に黄色いレースを縫い留め、ピンクのレースも同様に縫い留める（レースがひきつってしまわないように、丁寧に縫いつけていく）。刺しゅうの裏側中央に手芸用ボンドをつけ、トランクの上に貼る。

クロスステッチ2本どり

3685　816　3832　349　351　3805　3806　605　726　3078　BLANC（白）

バックステッチ1本どり

3685　816　3806　351　726

Abcd

Fleurs déliées

繊細な花々

しなやかな茎、おぼろげなトーンに
誇らしげに咲く花……。
大胆なアルファベット模様が誕生。

チャートP.118
1cm＝11目の麻布（ホワイト）
刺しゅうのサイズ：約18.9×24.4cm
2本どり、2目刺し

クロスステッチ2本どり
310
クロスステッチ1本どり
413
318
バックステッチ1本どり
310

クロスステッチ2本どり

- 839
- 840
- 3345
- 3346
- 989
- 3348
- 3803
- 3731
- 3733
- 151
- BLANC (白)

クロスステッチ1本どり

- 3863
- 3864

バックステッチ1本どり

- 839
- 3803
- 3345

Réalisations et conseils

作品の作り方とコツ

ステッチを始める前に

・布を選んだら、後に述べる方法で図案の出来上がりサイズを割り出し、布をカットします。図案のモチーフをステッチしやすいように、余裕を持たせましょう。また、額に入れる場合や、縫い合わせて作品に仕上げる場合は、モチーフの周りに余白を持たせることも忘れずに。

・布をカットしたら、ほつれ防止のために縁をかがる。

・布を4つ折りにして中心を見つける。

大きなタペストリーなど複雑な図案をステッチする場合は、縦と横の中心線をしつけ糸で縫っておけば目印となり、ステッチが刺しやすくなります（ステッチが仕上がったらしつけ糸は取り除くので、きつく刺しすぎないこと）。

チャート

チャートは小さな方眼状になっていて、それぞれのマス目の色は、ステッチに使う糸の色と対応しています。各色の番号は、DMCの刺しゅう糸に対応しています。

チャートをカラーコピーで拡大すれば、見やすくなって、作業がはかどるでしょう。

カウントについて

「Counted」の略で、「ct」と表記し、1インチ（2.54cm）の中に布目が何目あるのかをいいます。例えば、11ctは、1インチに11目あるという意味で、カウント数が増えるにしたがって目は細くなっていきます。

出来上がりサイズ

出来上がりサイズは、使う布の目数によって変わってきます。1cmあたりの目数が多ければ多いほど、ステッチの数は多くなり、モチーフは小さくなります。出来上がりが何cmになるかを割り出すには、次の方法にしたがって計算してください。

1. 布1cmあたりの目数を、何目ごとにステッチするかで割り、1cmあたりのステッチの数を割り出します。

例）1cm＝11目の布に2目刺しする場合、ステッチは1cmあたり5.5目（11目÷2目ごと）。

2. チャートのステッチ数（幅＆高さのマス目の数）を数え、その数を5.5で割れば、出来上がりサイズが割り出せます。

例）：250目（幅）×250目（高さ）の場合

幅：250÷5.5＝約45cm

高さ：250÷5.5＝約45cm

以下は、布の目数とステッチの目数の換算表です。図案の出来上がりサイズを割り出すのに参考にしてください。

布の目数	1cmあたりのクロスステッチの数（2目刺しの場合）	カウント
エタミン		
1cm＝5目	2.5目	13ct
1cm＝10目	5目	25ct
1cm＝11目	5.5目	28ct
リネン		
1cm＝5目	2.5目	13ct
1cm＝10目	5目	25ct
1cm＝11目	5.5目	28ct
1cm＝12目	6目	32ct

この本で紹介している作品は、1cmあたり11目のリネンか、1cmあたり12目のリネンに刺しゅうしています。

Cahier de la couturière

お裁縫ノート・・・Photo P.41 Chart P.39

材料
●刺しゅう布　麻布（1cm＝12目）
　濃いベージュ：45.6×25.3cm
●木綿布（タータンチェック）：9×29cm
●A5サイズのノート（14.8×21cm）：1冊
●DMCの刺しゅう糸：チャート参照
●DMCの刺しゅう糸（パールコットン8番糸）：666番

出来上がりサイズ
●30.4×21.3cm

刺しゅうのサイズ
●約14.5×20cm

●単位はcm

寸法図

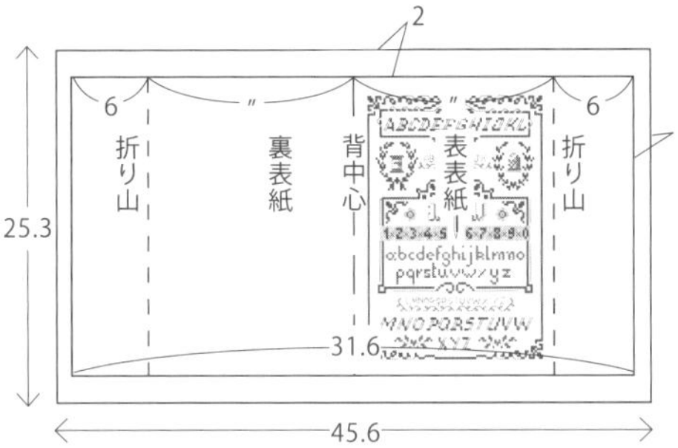

●（45.6）＝29.6＜14.8（A5横寸）×2＞＋12（折り返し6×2）
　＋2（端の折り代1×2）＋2（厚み分）
○（25.3）＝21（A5縦寸）＋4（折り代2×2）＋0.3（ゆとり）

※縦ゆとり分（0.3）と横厚み分（2）はノートの厚さ、刺しゅう布の厚みを考慮して決める。

準備
寸法図を参考に、刺しゅう布にノートカバーの出来上がり寸法（開いたところ）の周囲と背中心線、折り山線にしつけ糸で印を入れて枠を作る。

作り方

1 P.39のチャートを参照し、刺しゅう布に2本どり、2目刺しで刺しゅうをし、周りをジグザグ縫い（ロックミシン）で縫う。
　＊表表紙の右端から0.5cmのところへ枠の右側がくるように刺しゅうをする。

2 タータンチェックの木綿布の縦の2辺の折り代を、それぞれ1cm裏へ折る。

3 刺しゅう布の背中心の上にタータンチェックの木綿布を置き、ラフにタックをとりながら仮止めし、コットンパールを使ってアクセントとなるよう大きなステッチで縫いつける（出来上がり作品写真参照）。

4 左右の折り返しの端を1cm裏へ折り、縫う。

5 上下を2cmの折り代で裏へ折る。

6 刺しゅうをした枠の右端から0.5cmのところで折り山線を折る。

7 ノートを挟んで反対側も折り、折り返しをかがり縫いで縫う。

1

2
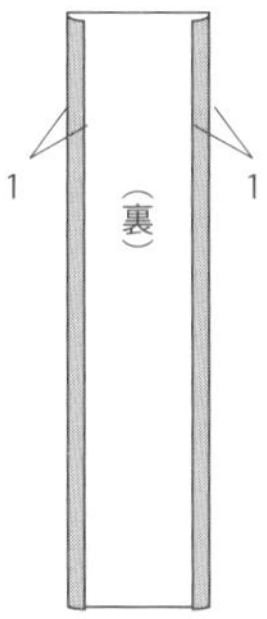

3
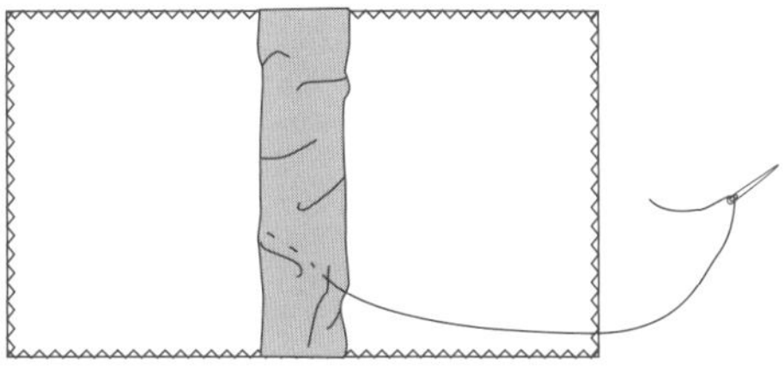

4
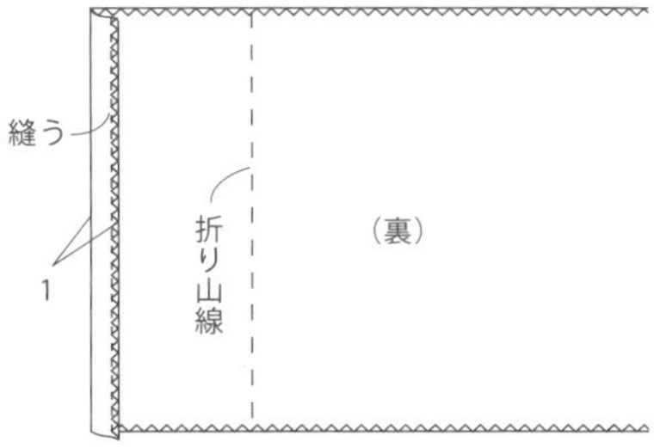

5
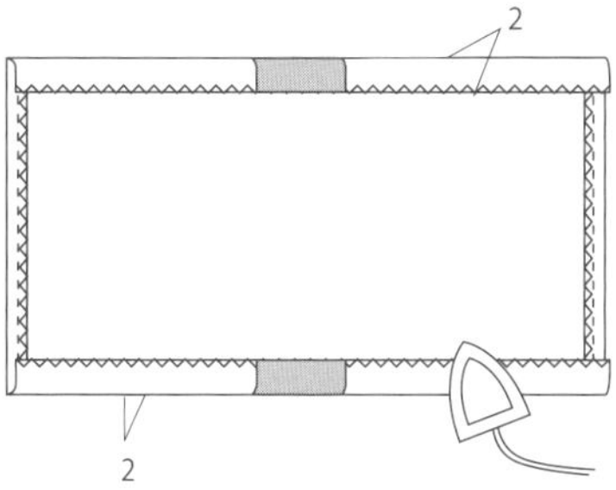

6
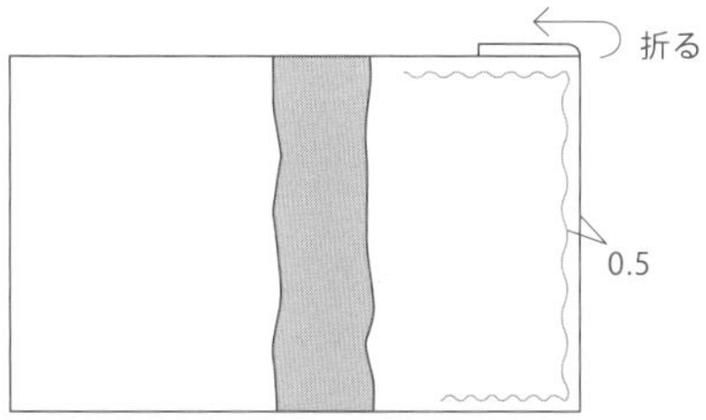

7
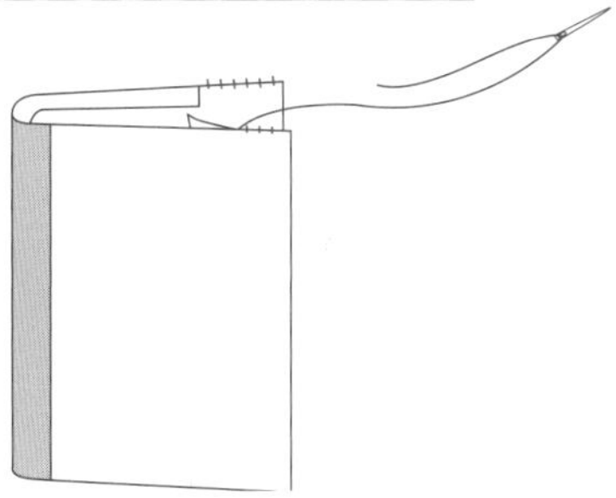

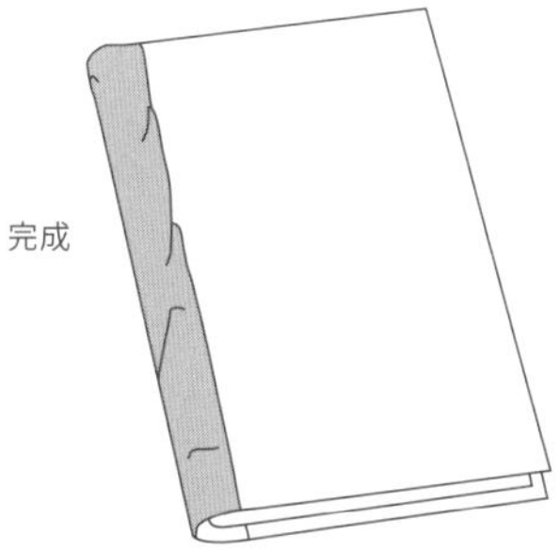

Sac chic

ミントグリーンの手さげバッグ･･･Photo P.59 Chart P.58

材料

●刺しゅう布　麻布（1cm＝11目）
　アイボリー：23×27.5cm
●麻布（淡い緑）
　31×38cmを2枚：土台用（AとA'）
　28×14cm：底用（B）
　4×60cmを2枚：持ち手用（CとC'）
　4×30cm：持ち手飾り用（D）
●麻布（深い緑）
　31×39cmを2枚（EとE'）
　28×14cm：底用（F）
●バイアステープ（緑のギンガムチェック）：1.8m
●接着芯：22.5×27.5cm
●圧縮ウール（厚手）：27×13cm
●DMCの刺しゅう糸
●DMCの刺しゅう糸（コットンパール5番）：369番
●手芸用スプレーのり

出来上がりサイズ

●29×36cm

刺しゅうのサイズ

●約20.7×23cm

●単位はcm

作り方

1 P.58のチャートを参照し、刺しゅう布の中央に2本どり、2目刺しで刺しゅうする。刺しゅう布の裏に接着芯を貼り、周囲を1cmの折り代で裏へ折る。

2 淡い色の麻布（A）の中央に1の刺しゅうした布を重ねておき、しつけ糸で仮止めする。コットンパールを使って刺しゅうの周りにフェザーステッチをし、土台布（A）に縫いつける。

3 もう1枚の淡い緑の麻布（A'）と2を中表で合わせ、左右の縦2辺を1cmの縫い代で縫って表に返す。

4 圧縮ウールにバッグの底面の型紙（P.131）を写し、線の通りに切る。圧縮ウールの片面にスプレーのりをかけ、底用の淡い緑の麻布（B）の裏面に貼り、周囲を圧縮ウールより1.5cm大きく切る。

5 カットした4の1.5cmの折り代部分にもスプレーのりをかけ、圧縮ウールの上へ折り返して貼る。

寸法図

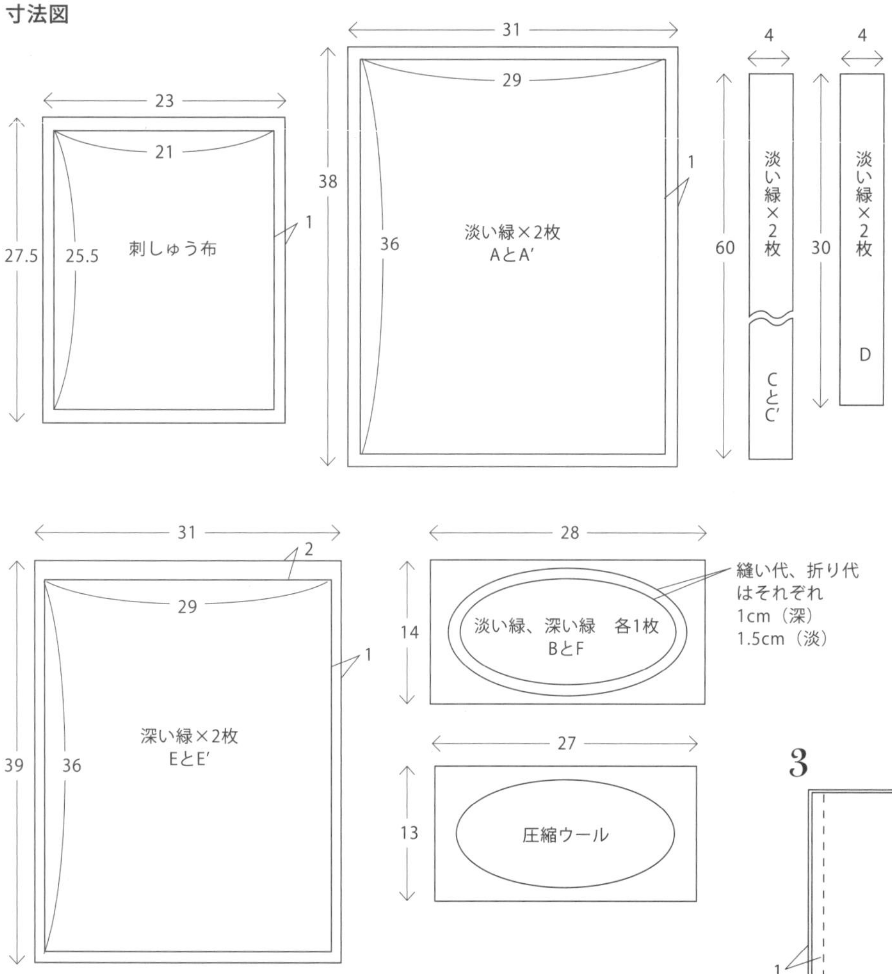

1

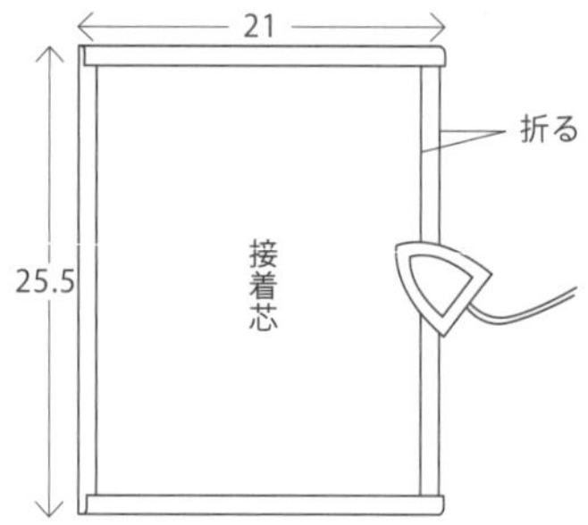

2

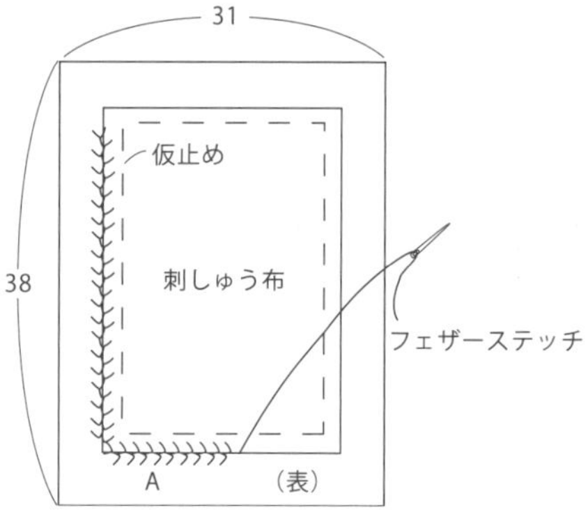

3

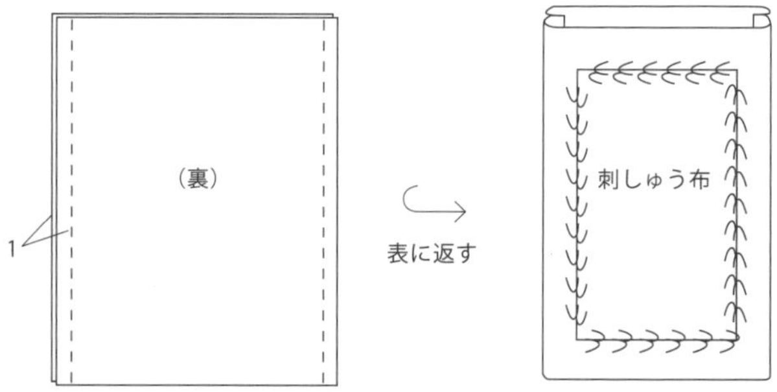

6 3のバッグ布の下の辺を1cm内側へ折り、5の圧縮ウールを貼った底布とバッグの下辺の折り線をぴったりと合わせてマチ針で留め、かがり縫いで縫い合わせる。
深い緑の底用の麻布（F）に底面の型紙（P.131）を写し、周囲に1cmの縫い代をつけて切る。

7 深い緑の麻布2枚（EとE'）を中表に合わせ、左右の縦2辺を1cmの縫い代で縫う。下の辺と底布の縁を合わせてマチ針で留め、1cmの縫い代でぐるりと縫って底をつける。

8 6の表バッグ（淡い色の麻布）の入れ口の部分を1cm内側へ折り込む。8の裏バッグ（深い緑の麻布）の入れ口を2cm外側へ折り返す。裏バッグを表バッグの中に入れ（生地の裏同士を合わせる）、裏バッグが表バッグの入れ口から少し見えるようにまつり縫いで縫う。

9 持ち手用の淡い緑の麻布（CとC'）をそれぞれ外表に縦半分に折り、わになっていない3辺をバイアステープでくるんで縫う。

10 バッグに持ち手をマチ針で留め、かがり縫いでしっかり縫いつける。

11 Dの麻布で適当な長さのバイアス布で縁取った持ち手の飾り布を2本作り、持ち手の好みの位置に平らに結んでまつりつける。

4
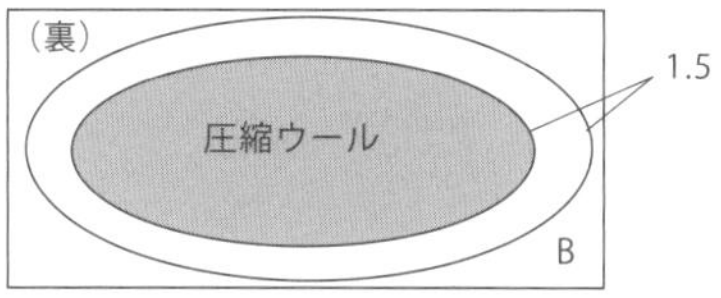

5
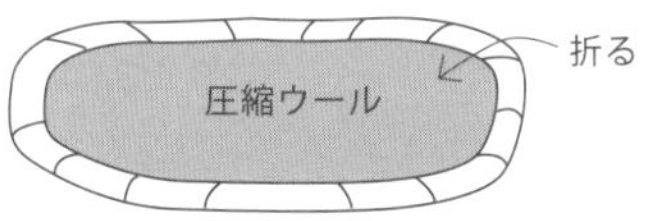

6
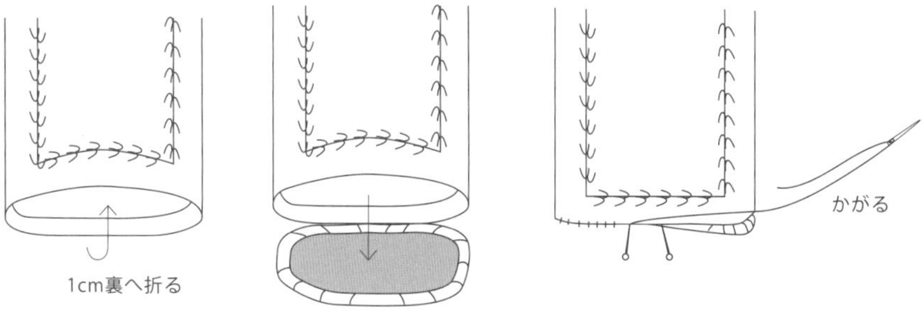

7
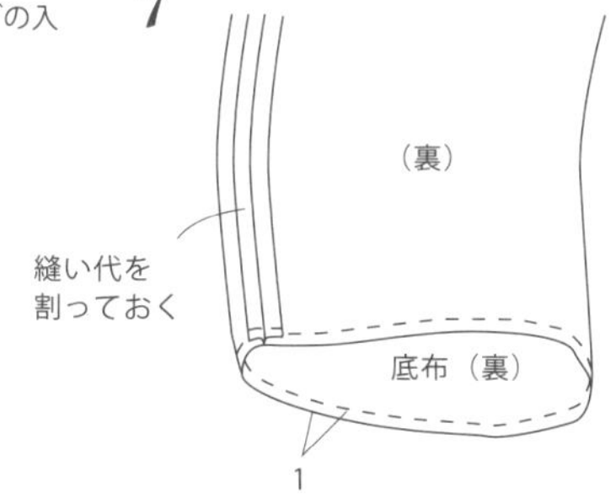

8
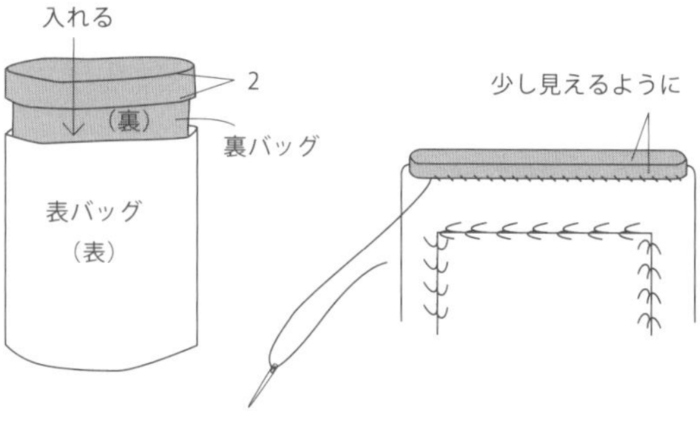

9
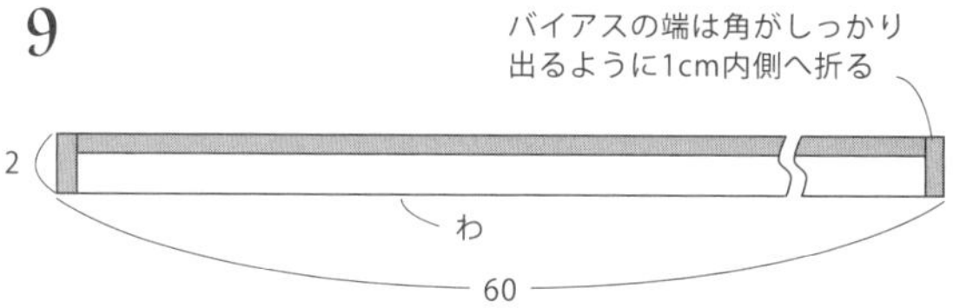

10
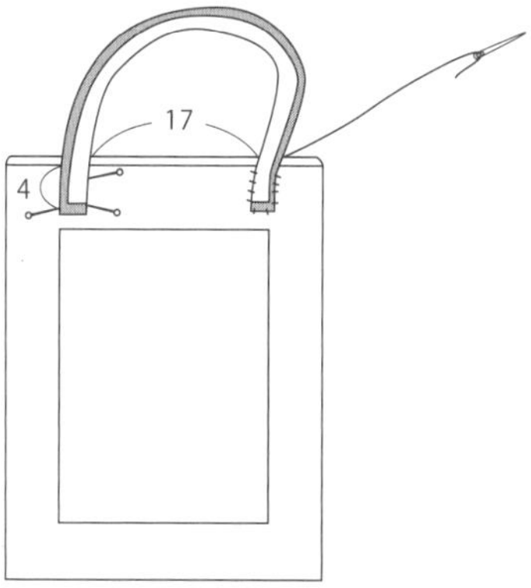

11

Coeurs parfumés

ハートの壁飾り・・・Photo P.71 Chart P.68

材 料（ハート1個分）

●刺しゅう布　麻布（1cm＝11目）
　ホワイト：15×15cm
●木綿布（花柄模様）：15×15cm
●圧縮ウール（厚手）：11×11cm
●手芸用スプレーのり
●化繊綿
●DMCの刺しゅう糸

出来上がりサイズ

●9.5×9.5cm

刺しゅうのサイズ

●約8×7.2cm

●単位はcm

寸法図

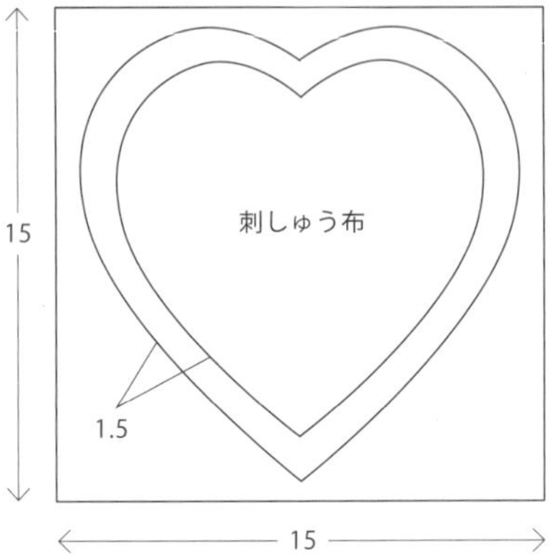

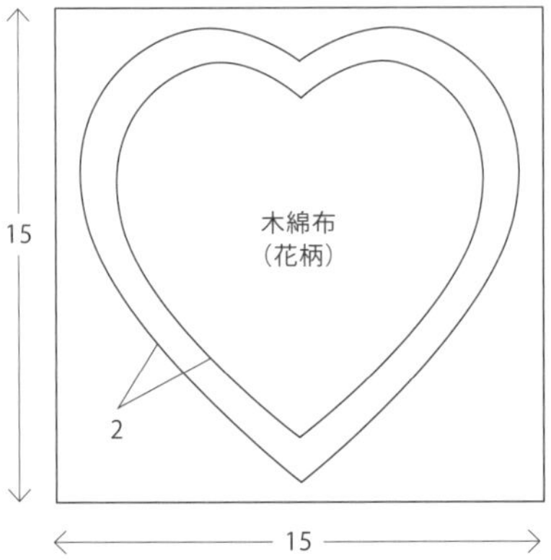

作り方

1 P.68のチャートを参照し、刺しゅう布に2本どり、2目刺しで刺しゅうする。

2 圧縮ウールにハートの型（P.131）を写し、線の通りに切る。

3 圧縮ウールの片面にスプレーのりをかけ、刺しゅう布の裏側の中央に貼る。周囲に1.5cmの折り代をつけて刺しゅう布を切る。

4 折り代のカーブから谷にかけて切り込みを入れ、スプレーのりをかけて圧縮ウールの上に折り返して貼る。

5 木綿布の裏側にハート型を写し、周囲に2cmの折り代をつけて切る。
木綿布の裏側の上に薄くのばした化繊綿をはさみ、4の刺しゅう布の表側が上になるように中央にのせる。

6 刺しゅう布のハートから少しはみ出すように、木綿布の折り代をひだを寄せながら折り込んでいき、マチ針で留める。刺しゅう布のハートを木綿布の折り代にまつりつける。

1

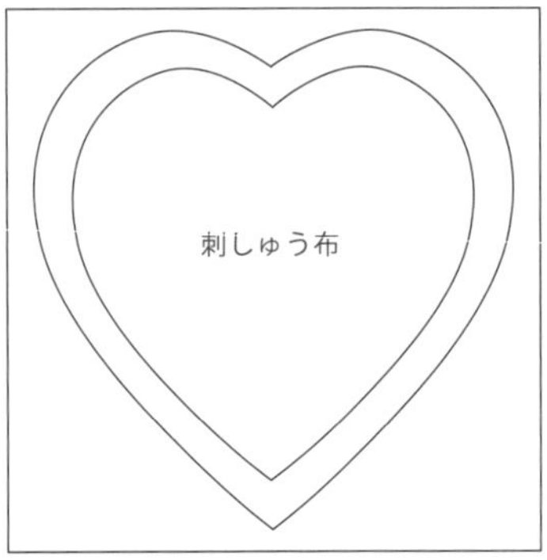

2

3

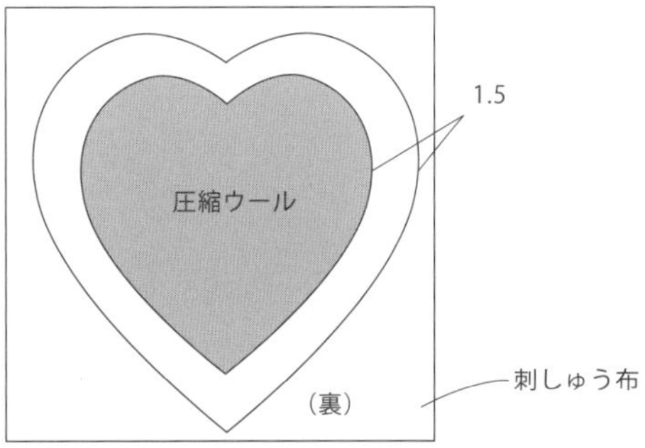

4

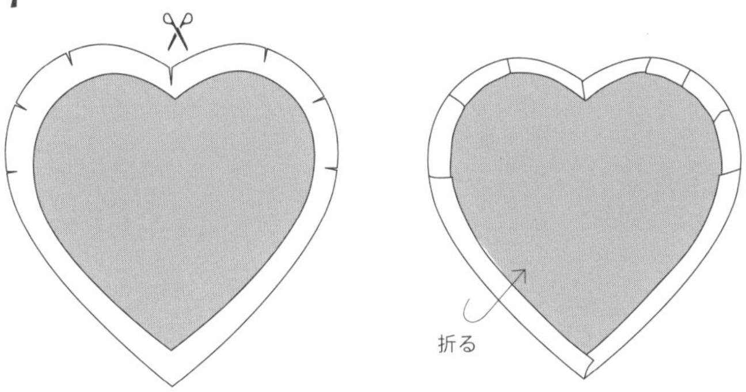

5

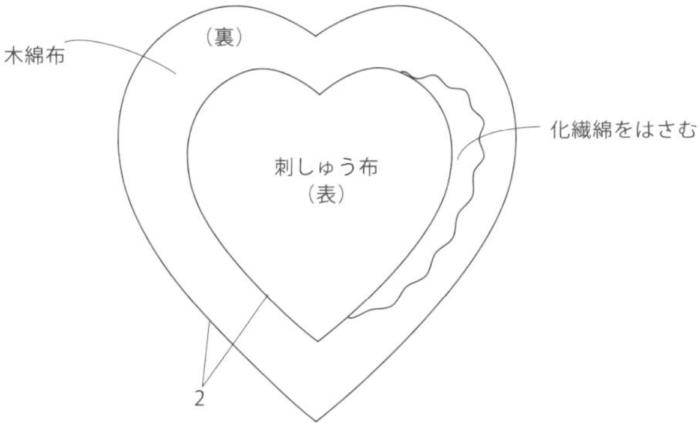

6

完成

Le range-aiguilles

針ケース・・・Photo P.101 Chart P.102

材料

●刺しゅう布　麻布（1cm＝12目）
　濃いベージュ：14×9cm
●麻布（うす紫）：16×11cm
●圧縮ウール（厚手）：5.5×7cmを2枚
●フェルト：11×7cm
●手芸用スプレーのり
●DMCの刺しゅう糸
●DMCの刺しゅう糸（コットンパール5番）：
　211番（うす紫）

出来上がりサイズ

●6.5×8cm

刺しゅうのサイズ

●4.5×5.6cm

●単位はcm

作り方

1 P.102のチャートを参照し、刺しゅう布の右半分に2本どり、2目刺しで刺しゅうする。
背表紙になる部分（縦中心）にコットンパールを使い、フェザーステッチをする。

2 刺しゅう布の裏側にスプレーのりをかけ、背表紙部分を少しあけて左右に2枚の圧縮ウールを置き、周囲を1cmの折り代で折る。

3 うす紫の麻布の周りを1.5cmの折り代で裏へ折る。
＊この時、四隅の角を額縁折りにする。

4 刺しゅうの表側をうす紫の麻布の裏側（額縁折り側）の上にのせ、周りにうす紫の麻布が少し見えるように四隅を留めて周囲をまつりつける（裏まで縫い目が出ないように）。

5 針ケースの内側（うす紫の麻布側）の中央にフェルトを置き、中央を縫い留める（縫い目が表側へ出ないように）。

寸法図

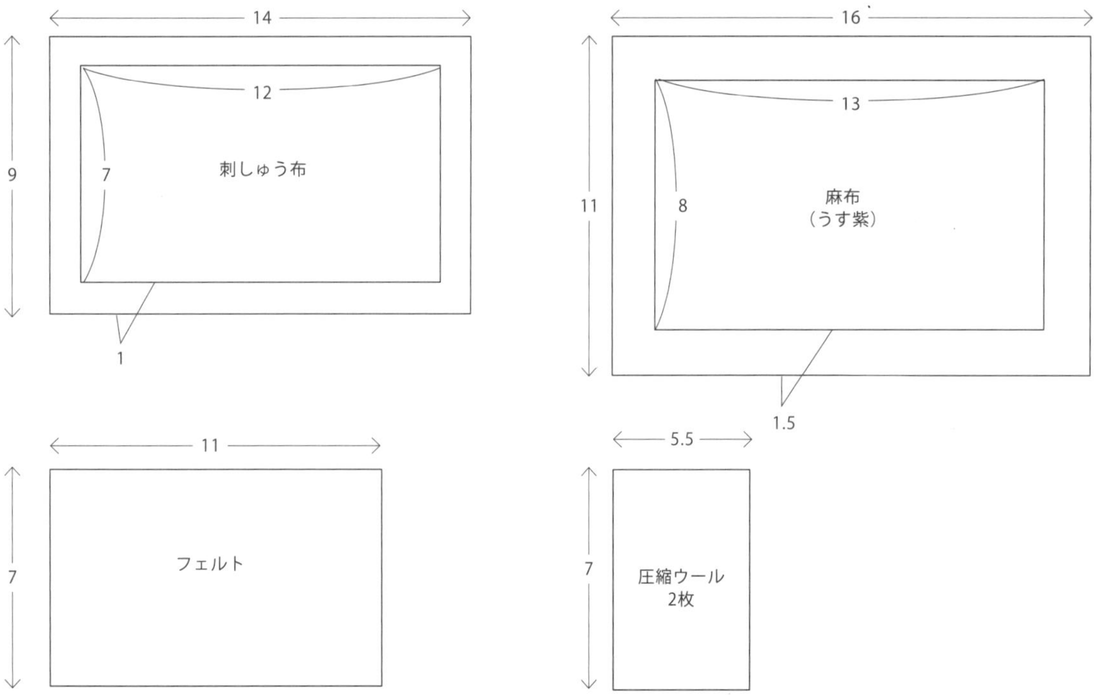

1

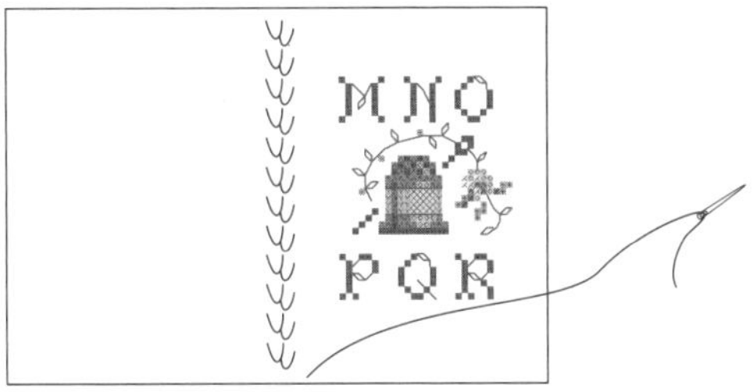

2

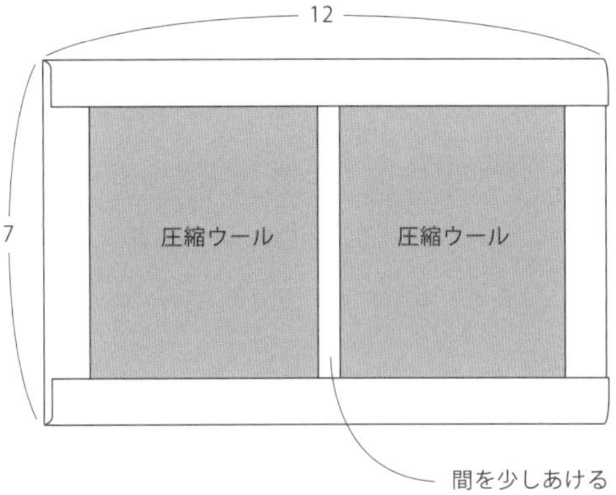

3
＊額縁折り

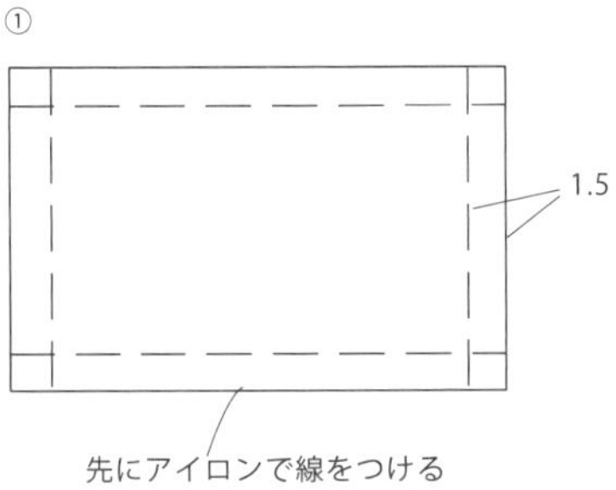

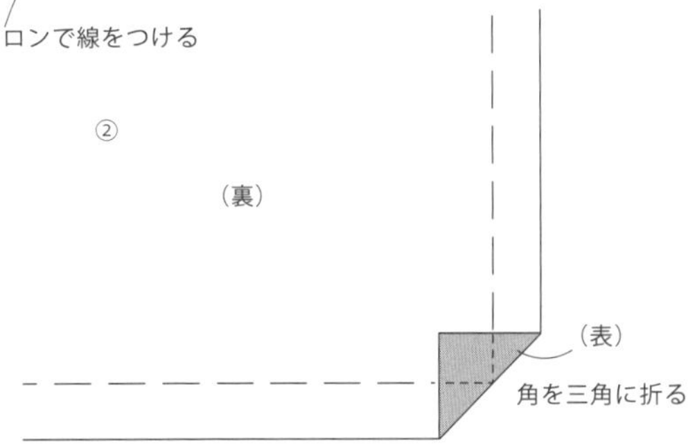

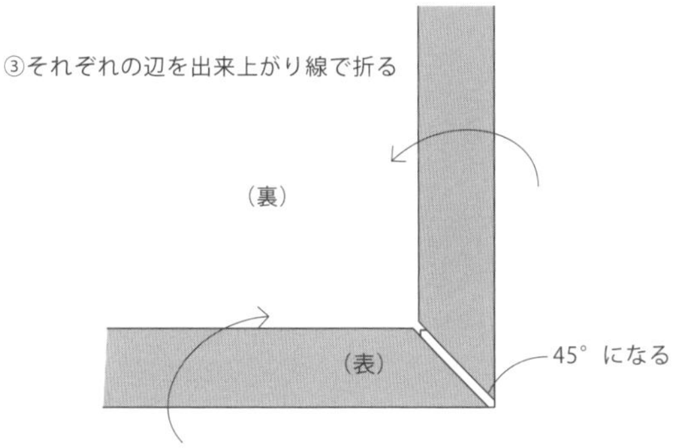

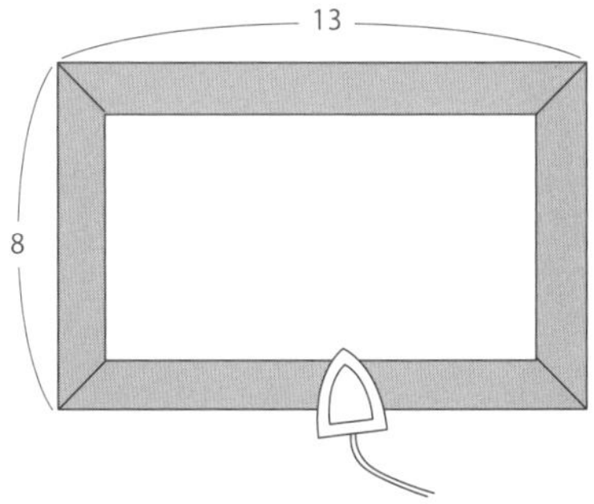

4

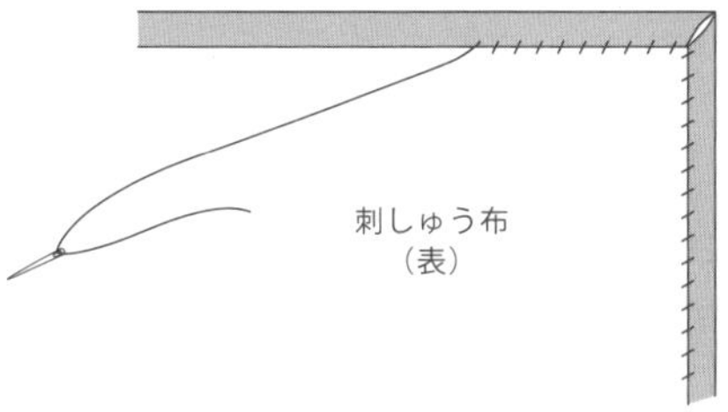

5

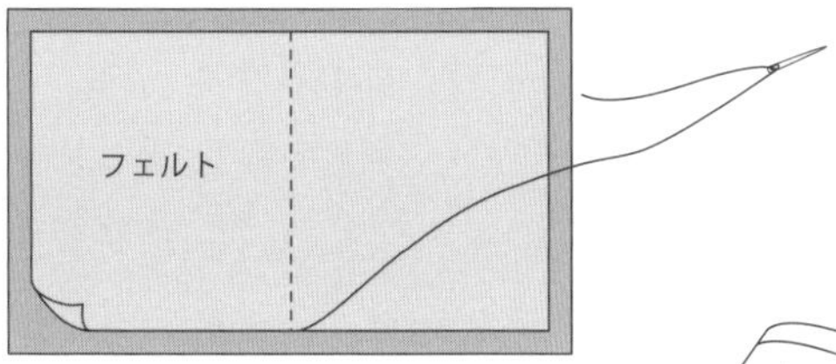

完成

L'étui à ciseaux

ハサミケース・・・Photo P.101 Chart P.102

材料
●刺しゅう布　麻布（1cm＝12目）
濃いベージュ：8×31cm
●木綿布（プリント地）：8×31cm
●麻布（うす紫）：10×17cm
●圧縮ウール（厚手）：7×7cm
●手芸用スプレーのり
●DMCの刺しゅう糸
●DMCの刺しゅう糸（コットンパール5番）：
211番（うす紫）

出来上がりサイズ
●7×14cm

刺しゅうのサイズ
●ふた：約5.6×3.8cm
●土台：約5.1×9.1cm

●単位はcm

作り方

1 P.131のふたの部分の型紙を写し、寸法図の通り型紙を作る。刺しゅう布のふたの部分にP.102のチャートを参照してアルファベットを刺しゅうし、反対側の端から4cm（縫い代1cm含む）のところにハサミの刺しゅうをする（すべて2本どり、2目刺し）。
型紙の大きさに切った刺しゅう布と木綿布のふたの部分のカーブの縫い代を、それぞれぐし縫いする。

2 圧縮ウールをふたの型紙通りに切り、片面にスプレーのりをかけて、刺しゅう布のふたの部分の裏側に貼る。

3 刺しゅう布と木綿布を中表に合わせ、ふたの部分より左右2cm下のところを縫い始め、縫い終わりにして袋状に縫う。

4 表に返し、それぞれぐし縫いを引いて、縫い代をカーブに沿って折り、刺しゅう布と木綿布のふたの部分をかがり縫いで縫い合わせる。

5 ハサミの刺しゅう側から10.5cmのところで刺しゅう布側を表に折り、左右をかがり縫いで縫う。圧縮ウールの位置でふたを折る。

6 コットンパールを使い、ふたの周囲をブランケットステッチで縫う。

7 うす紫の麻布の周囲を1.5cmの折り代で裏へ折る。
＊この時、四隅の角を額縁折り（P127、針ケース参照）にする。

8 6のハサミケースをうす紫の麻布の裏側（額縁折り側）の上にのせ、周りにうす紫の麻布が少し見えるように四隅を留めてハサミケースの周囲をまつりつける（裏まで縫い目が出ないように）。

寸法図

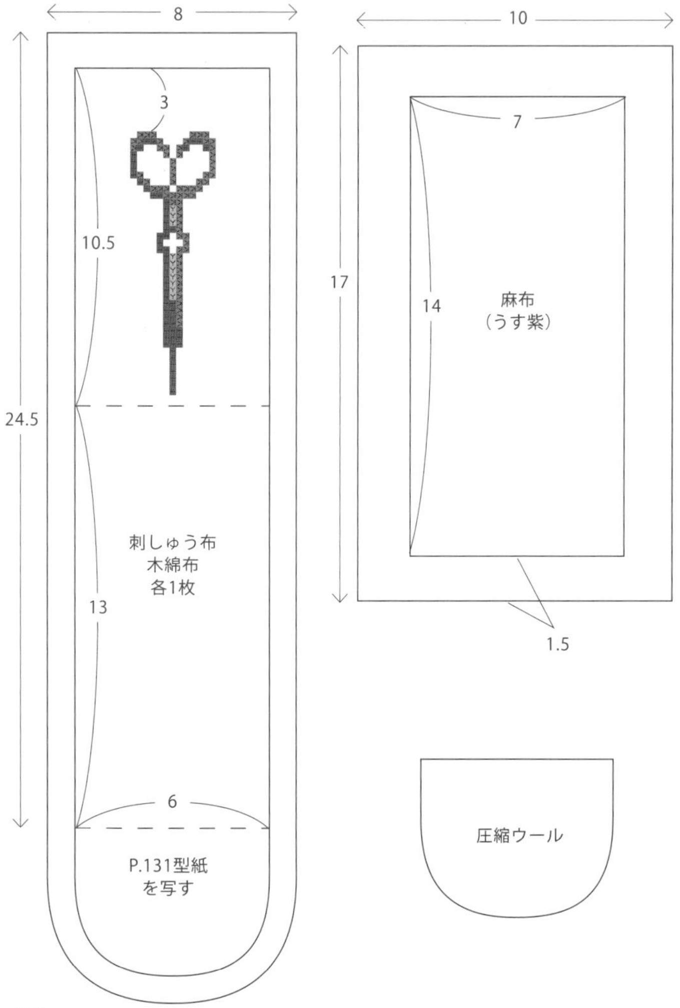

1

2

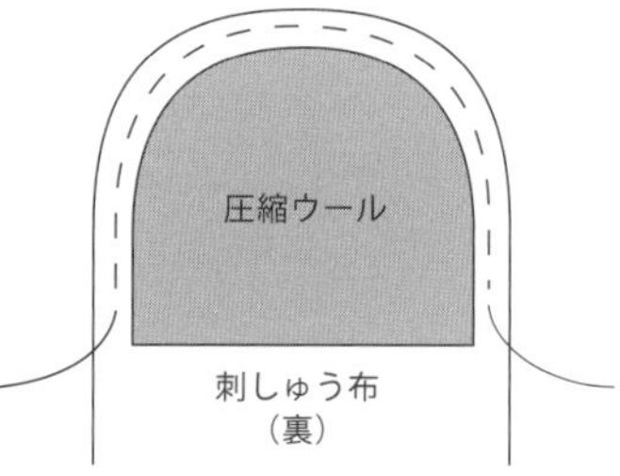

3

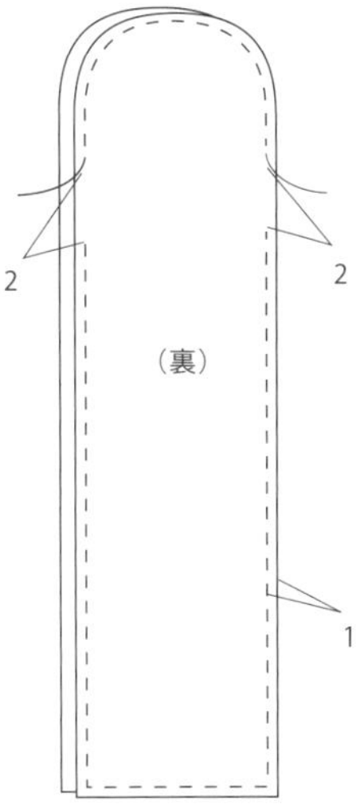

4

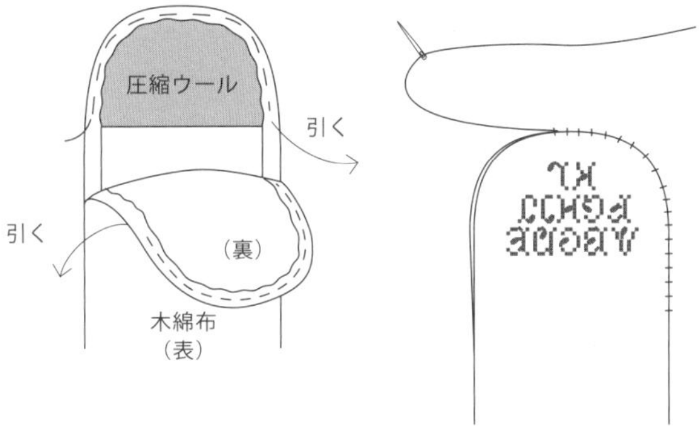

5

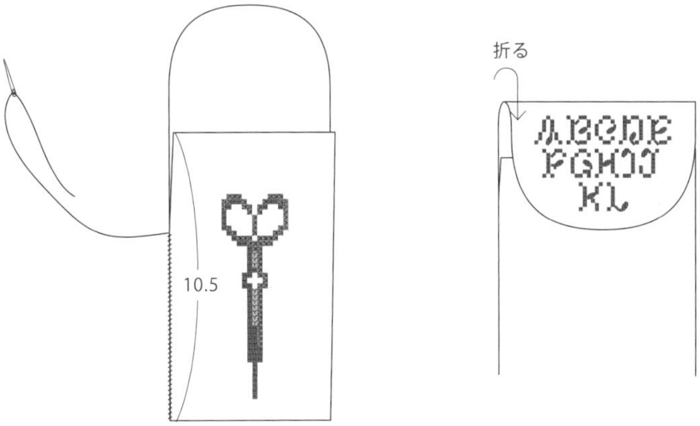

6

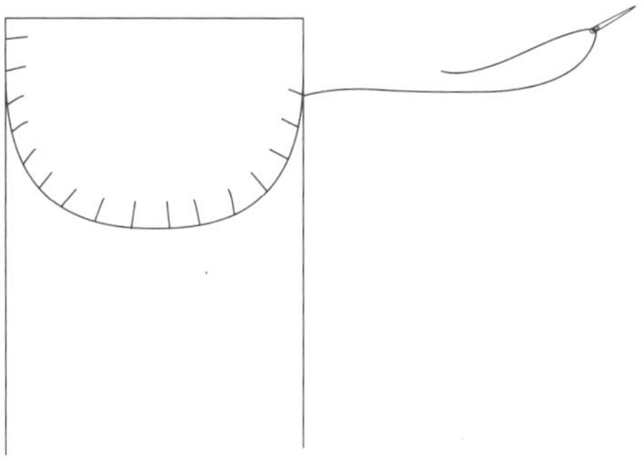

7

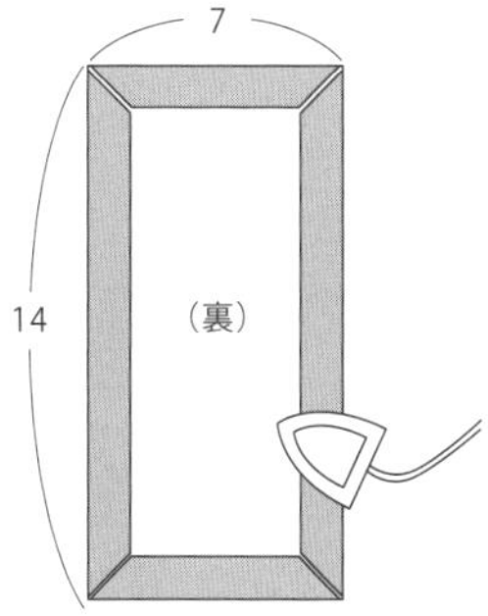

8

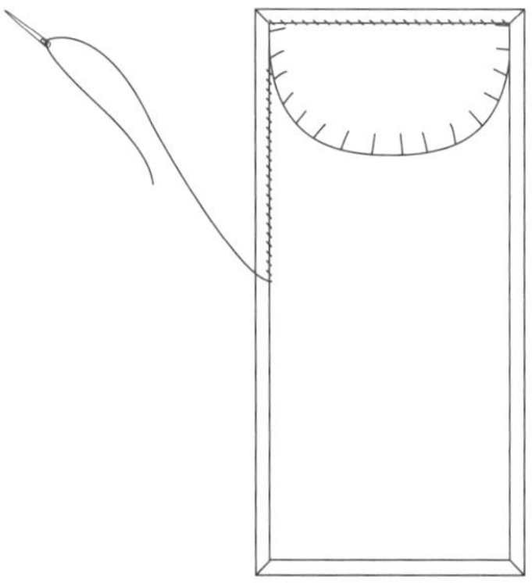

Le biscornu

ビスコーニュ（ピンクッション）・・・Photo P.101　Chart P.102

材 料
●刺しゅう布　麻布（1cm＝12目）
（濃いベージュ）：9×9cm
●麻布（うす紫）：9×9cm
●波テープ（濃いピンク）：6cm
●化繊綿
●DMCの刺しゅう糸

出来上がりサイズ
●7cm大

刺しゅうのサイズ
●約5.1×5.1cm

●単位はcm

寸法図

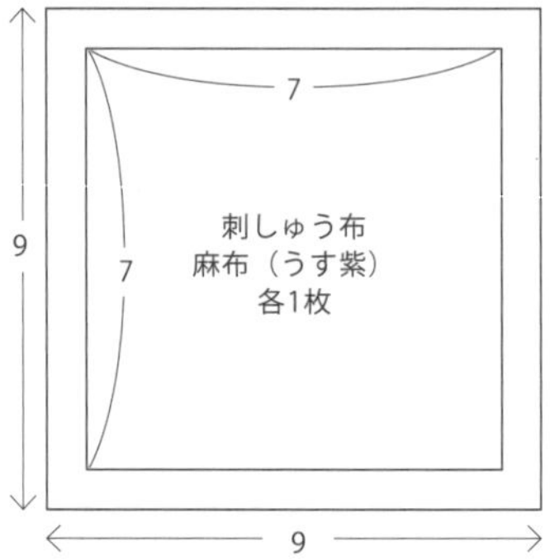

作り方

1　P.102のチャートを参照し、刺しゅう布に2目どり、2目刺しで刺しゅうをする。刺しゅう布とうす紫の麻布の周囲の縫い代をアイロンで裏へ折り込む。それぞれの辺の中央に合印をつけておく。

2　上面（刺しゅう布）の一辺の角を下面（うす紫の麻布）の一辺の中央の合印に合わせ、上面の中央（下面の角）から2枚をはぎ合せていく。

3　一方の角まできたら他方の辺を折り、順番にとじ合わせていく。

4　残りの一辺になったら綿を詰め、角に半分に折った波テープを挟み込み、縫い始めの位置までかがって縫い終える。

5　ボルドー色の糸を玉結びして、下側の中央から真上に針を刺し出し、中央がくぼむように糸を引いて×（クロス）のステッチをする。周囲をブランケットステッチで縫う。

1

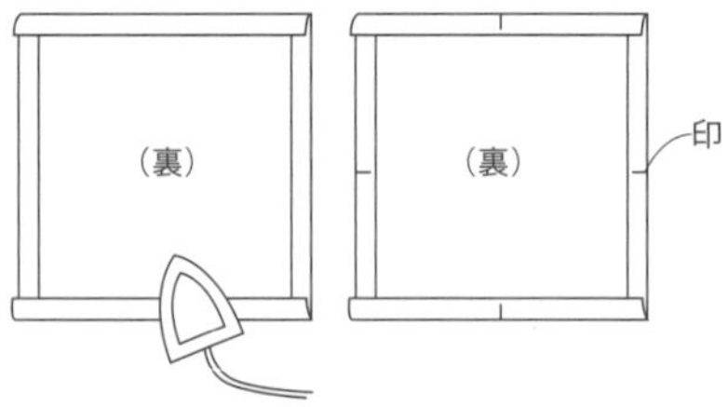

4

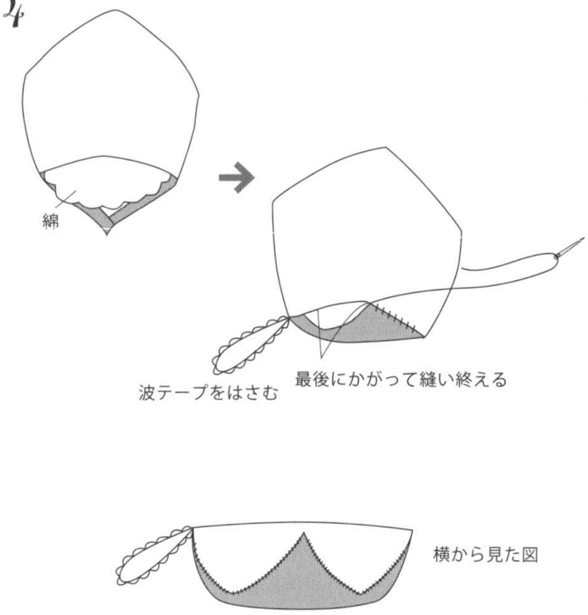

2

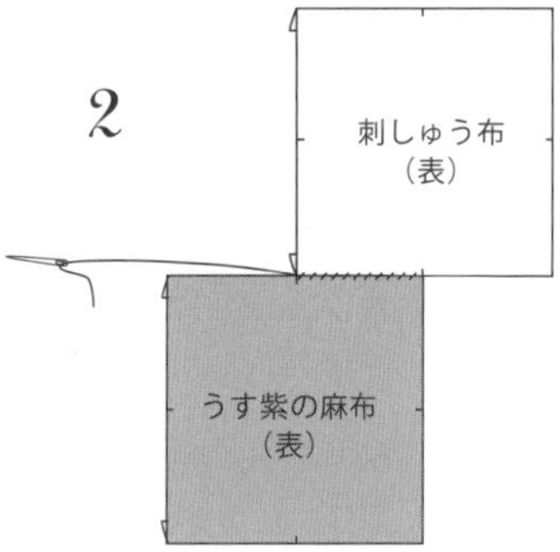

3

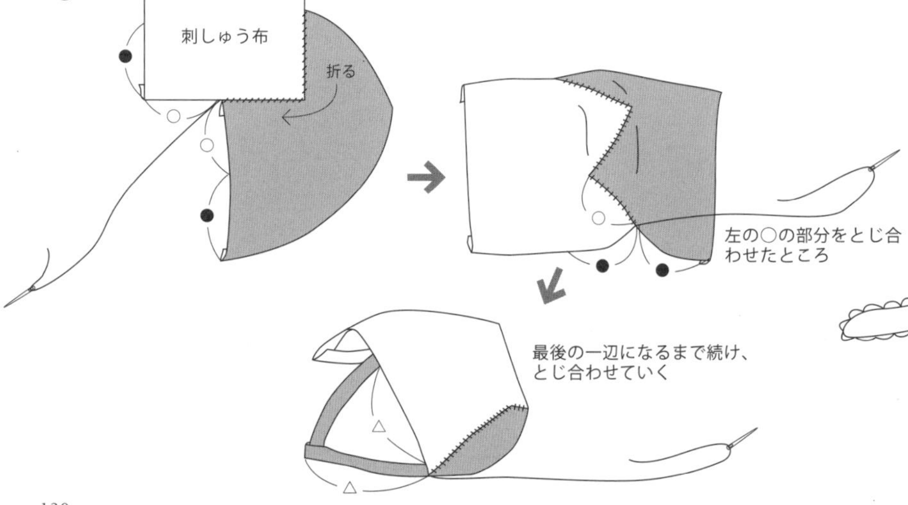

5　完成

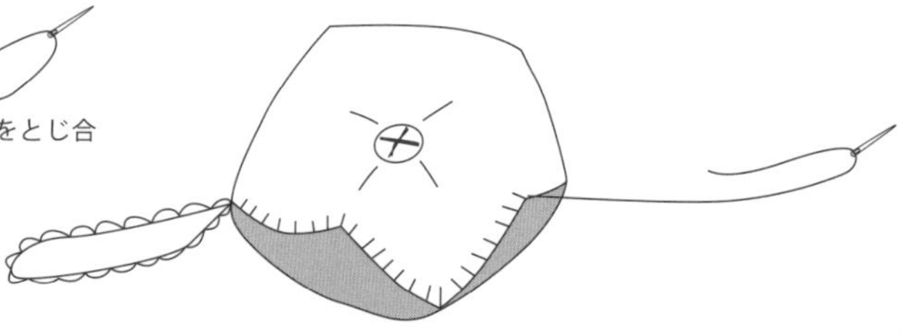

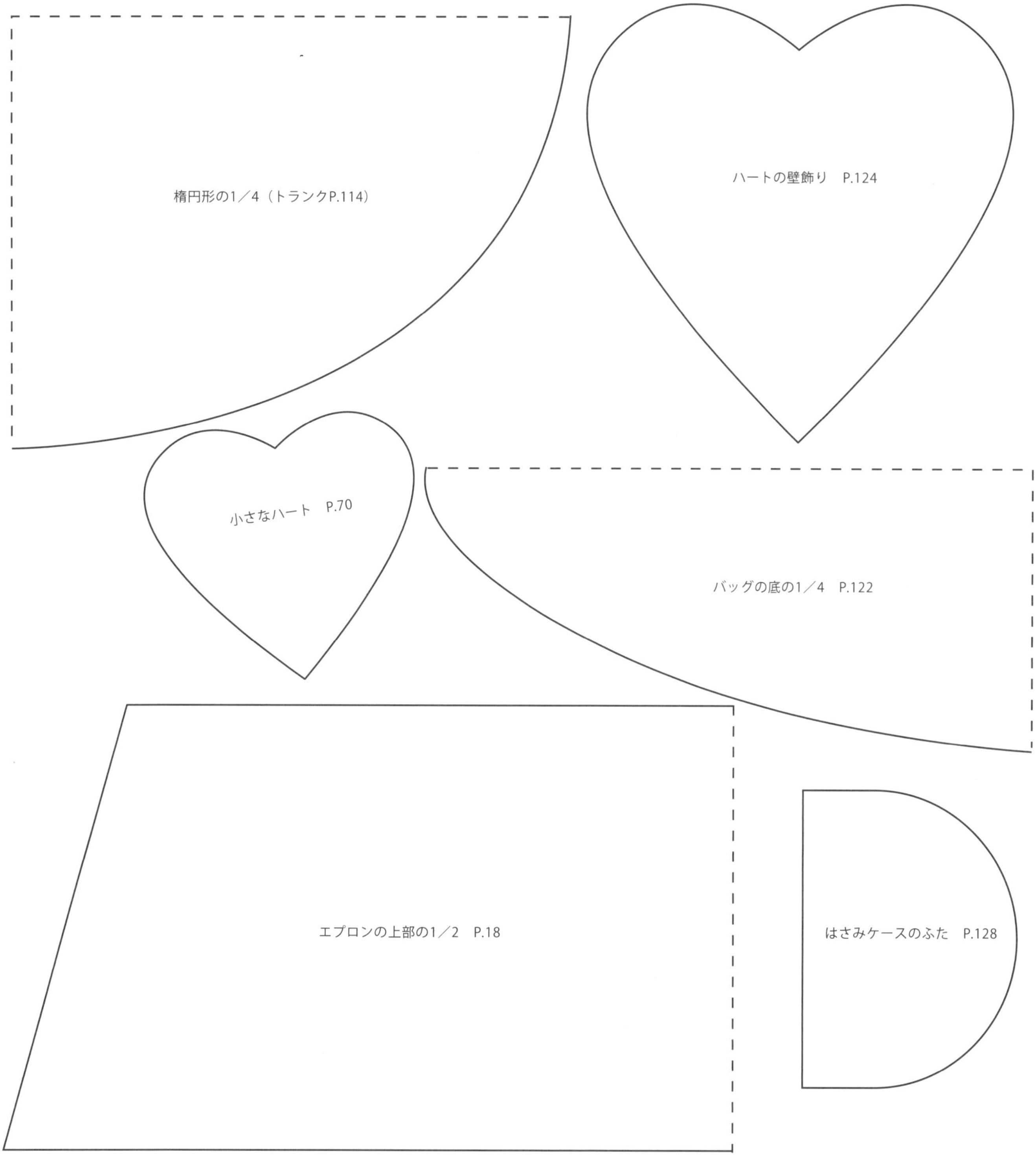

型紙は120%に拡大してお使いください。

パリのアルファベットのクロスステッチ
—— 380点のモチーフと小物の楽しいハーモニー ——

2013年 8月25日	初版第1刷発行
2016年 4月25日	初版第2刷発行
2021年 7月25日	初版第3刷発行

著者	ヴェロニク・アンジャンジェ（Véronique Enginger）
発行者	長瀬 聡
発行所	株式会社グラフィック社 〒102-0073 東京都千代田区九段北1-14-17 Phone: 03-3263-4318　Fax: 03-3263-5297 http://www.graphicsha.co.jp 振替00130-6-114345
印刷製本	図書印刷株式会社

ISBN978-4-7661-2507-8 C2077

Japanese text and instruction page: pp. 120 -132

Printed and bound in Japan

和文版制作スタッフ

翻訳	柴田里芽
組版	石岡真一
作り方ページ制作	田中彰子
カバーデザイン	北谷千顕（CRK DESIGN）
編集・制作進行	坂本久美子